刊　　名： 马克思主义与伦理学

主办单位： 中国人民大学伦理学与道德建设研究中心

主　　编： 吴付来

执行主编： 曹　刚

副 主 编： 李义天　张　霄

马克思主义与伦理学（第2辑）

马克思主义与伦理学

MARXISM AND ETHICS

(VOL.2)

第2辑

吴付来 主编

中国人民大学出版社
·北京·

马克思主义与伦理学

第2辑

目　录
CONTENTS

❖专　稿❖

❖访　谈❖

❖述　史❖

❖立　论❖

❖域　外❖

❖书　评❖

专稿

新轴心时代与马克思主义伦理学

安启念*

摘　要：20 世纪下半叶以来，大规模杀伤性武器的出现以及资源、环境、生态、人口、气候等领域的变化，直接对人类的生存构成威胁。问题的原因是人类一味征服自然，无限追求物质财富。这种价值目标和发展思路是在轴心时代文化成果的基础上逐步确立的。为了继续生存，人类文明必须改变原有的价值目标，寻找新的发展方向。人类历史开启了新的轴心时代。迄今为止人类一直处在物的支配之下，一切服从物质生产的需要。这是人类文明陷入危机的深层原因。新轴心时代将逐步实现人对物的支配。这意味着旨在处理人与人、人与自然关系的伦理学，将在社会生活中获得独立地位，发挥前所未有的重要作用。联合起来的个人，以最无愧于人的本性的方式，自觉控制科学技术和物质生产，自觉安排社会生活，以实现人的个性的全面发展，这是马克思恩格斯共产主义思想的核心观点。新轴心时代的到来是历史的必然，也将是共产主义原则的实现。伦理学特别是马克思主义伦理学，将处于未来自由王国的中心地位，发挥决定性的作用。

关键词：人类文明的危机　新轴心时代　共产主义与马克思主义伦理学

---

* 安启念，中国人民大学教授、博士生导师。

只要有人，就有人与人的关系，就有关于这种关系的思考，就会产生伦理学问题。马克思曾经把人类社会的发展历史概括为三种形式或三个阶段，其特点分别是：人的依赖关系；以物的依赖性为基础的人的独立性；建立在个人全面发展和他们共同的、社会的生产能力成为从属于他们的社会财富这一基础上的自由个性①。第一个阶段即历史上的奴隶社会和封建社会。按照马克思的说法，它们的特点是人的依赖关系，即对绝大多数人而言，必须要依赖于他人才能生存。这意味着人与人的关系在社会生活中具有决定性的意义。正因为如此，在奴隶社会和封建社会，伦理学思想长期处于意识形态理论的中心。至今流行于世的几大宗教，基本上都产生于人类社会发展的这个阶段，它们的主要内容都与伦理学有关。但是站在今天的立场上看，古代社会并非伦理学的春天，它的春天现在正在到来。从 20 世纪下半叶起，它在社会生活中的地位与作用日益突出，意义前所未有。尤其是马克思主义伦理学，其作用无可替代，即将走向人类文明舞台的中心。

这一变化是由人类社会发展的客观规律决定的，概括起来看，是因为人类文明正面临着重大的历史性转折，人类历史开启了新的轴心时代。

一

人类文明当前正面临着重大的危机，它与资本主义制度的发展密切相关。

几乎从资本主义文明诞生之日起，就产生了对资本主义的批判。英国是资本主义制度发展最早的国家之一，海外贸易的发展促进了英国毛纺业的发展，这又刺激了对羊毛的需要，导致英国出现了圈地运动。大批失地农民无以为生，许多人沦为城市流民，甚至失去生命。1516 年托马斯·摩尔在《乌托邦》一书中写道：你们的绵羊本来是那么驯服，

① 马克思恩格斯文集：第 8 卷. 北京：人民出版社，2009：52.

吃一点点就满足，现在据说变得很贪婪、很蛮横，甚至要把人吃掉……此后对资本主义的批评不绝于耳，空想社会主义在全球各地涌现，康帕内拉、马布利、巴贝夫、卡贝、魏特林等人提出一个又一个的社会主义、共产主义学说。其中最重要的是19世纪初傅立叶、欧文和圣西门三大空想社会主义者的理论，他们对资本主义的批判，对未来社会主义社会的设想，在全球产生了广泛的影响。对资本主义最深刻、最系统、影响最大的批判来自马克思恩格斯。批判资本主义并发动推翻资本主义制度的无产阶级革命，是他们毕生的事业，《共产党宣言》《资本论》是有史以来资本主义批判最重要的代表性著作。上述所有的对资本主义的批判，主要关注的是资本主义社会工人群众的苦难以及他们与资产阶级日益激烈的阶级斗争。这些批判是对资本主义制度的强烈谴责，鼓舞了全世界无产阶级和广大劳动群众的革命斗争，掀起了20世纪席卷全球的波澜壮阔的社会主义运动。

进入20世纪，特别是在第二次世界大战以后，资本主义的表现，人们对资本主义的认识与批判，在深度、广度上都出现了重大变化。

第一，西方先进资本主义国家的马克思主义者，结合资本主义发展的新情况，发展了马克思资本主义批判中对资本主义制度所做的人道主义谴责，提出物化问题，着眼于人的精神需要，发起了对资本主义的深入持久的文化批判。他们指出，科学技术具有意识形态功能，人不仅异化了，而且丧失了社会批判能力，“单向度化”了，人道主义彻底沦丧。他们创建了影响深刻的西方马克思主义运动。

第二，西方先进资本主义国家兴起了存在主义、后现代主义等思潮，从人的心理体验的深度揭示了资本主义制度下的人道主义灾难。进入20世纪，资本主义国家工人阶级的物质生活状况显著改善，但是资本主义社会人的原子化，人与人的残酷竞争，人与自然界的尖锐对立，使原本主要存在于社会层面的人道主义灾难日益深入人的内心世界。存在主义对人的精神世界特别是各种内心体验的分析是对资本主义的更深层次的抗议。后现代主义则通过对理性启蒙和资本主义现代化的批判体现出对资本主义的彻底否定。它维护人的主体性，捍卫人的感觉世界的丰富性、整体性，从捍卫人的个性出发，对启蒙运动以来在西方世界逐渐占据统治地位的本质主义、基础主义、宏大叙事提出批判，从根本上冲击资本主义的文化根基。即使是弗洛伊德主义，也通过对意识的深入分析，通过揭示“力比多压抑”，体现出对资本主义制度的否定。

第三，1945年两颗原子弹在日本上空爆炸，它们的巨大破坏力，表明人类第一次掌握了可以毁灭整个地球的力量。1955年，一份重要文献《罗素-爱因斯坦宣言》问世。它告诫科学家们要对自己手中掌握的能够转化为大规模杀伤性武器的科学技术负起道德责任；为了人类的生存，科学家必须学会“新思维”，即站在全人类的立场上，而不是从自己个人、阶级、民族、国家的利益出发，思考问题。1968年，罗马俱乐部成立，1972年它的第一份报告《增长的极限》问世。报告首次向全人类揭示了工业化造成的人与自然的对立，以及随之而来的资源、环境、人口等方面的日益严重的问题，并且提出，这些问题直接威胁到物质生产的可持续性和全人类的生存。罗马俱乐部提出的问题持续发酵，逐渐成为人类共识。2015年巴黎气候变化大会通过《巴黎协定》，这一协定以及第二年在纽约签订的关于气候变化的协定指出，为了人类能够继续生存，应当努力把全球平均气温较前工业化时期的上升幅度控制在2摄氏度以内，否则人类文明有可能遭受灭顶之灾。

第四，早在20世纪70年代，苏联哲学家И.Т.弗罗洛夫就提出了科学技术的“伦理学化”问题。他指出，大规模杀伤性武器以及人口、粮食、资源、环境、气候等问题的出现，是对人类生存构成威胁并需要人类共同努力才能解决的问题；基因工程能够用于医疗造福人类，同时也包含着改变人类基因造成严重的道德问题，甚至对个人乃至整个人类的生存造成危害。因此他提出，应当突出强调科学家的道德责任，使科学技术“伦理学化”，以保证它们的运用不违背人道主义原则。进入21世纪，科学技术，尤其是人工智能、基因工程、大数据、区块链技术，在革命性地推动物质生产力的同时，有可能极大地改变人在生产和社会生活中的地位，改变人与人、人与技术以及机器的关系。英国物理学家霍金，以色列历史学家尤瓦尔·赫拉利，以及其他许多科学家，就人工智能等技术对人类文明与命运的影响，从不同角度提出严重警告。霍金甚至提出，人工智能的自由发展将造成整个人类文明的毁灭。弗罗洛夫把人类文明当今遇到的问题与资本主义对物质利益的无限追求联系起来，早在20世纪70年代就尖锐提出“人的前景问题”。

第五，以19世纪末为争夺殖民地而爆发的美西战争为标志，资本主义进入帝国主义时代。1916年列宁在《帝国主义论》中指出，帝国主义是垄断的腐朽的垂死的资本主义，为了瓜分世界，各个帝国主义国家必然爆发战争。20世纪给人类带来巨大灾难的两次世界大战为列宁的结论提供了有力的证明。但是，第二次世界大战以后，情况发生重大变化。美国在科学技术、经济、军事，甚至政治方面，成为唯一的超级帝国主义国家，在战争中被极大地削弱了的其他帝国主义国家无力与美国争霸世界。随着苏联解体，美国称霸世界的野心极度膨胀，一切对它谋求世界霸权构成威胁的国家，哪怕是昔日的盟友，都遭到它的无情打击；凡是制约它的发展的国际秩序，它都一概无视。进入21世纪，美国退出一个又一个旨在维护世界秩序和解决气候变化等保证可持续发展的国际条约，在世界各地发动一场又一场的战争，对崛起中的中国从经济、文化、外交等各个方面加以打压和封堵，甚至不惜以武力相威胁。为了自己的利益，美国一意孤行，不顾一切，它的恶劣行径对人类的生存与发展构成前所未有的严重威胁，成为对人类文明的重大挑战，引起世界各国的严重关切与批判。美国不择手段地追求全球霸权的行径，把资本主义制度的各种弊端推到了极致。

以上几个方面的问题与资本主义制度密切相关，但它们涉及的不再是阶级剥削、阶级压迫，不再是社会不公和劳动人民的苦难，而是深入人的精神世界，深入人的灵魂，引起人们深刻的精神危机。更重要的是，对物质财富的无限追求引发的资源、环境、气候、全球性的冲突和大规模杀伤性武器的使用等方面的问题，直接威胁到全人类的生存。人类只有一个地球，人的欲望还在加速膨胀，“地球不够用了”。人类面临的灾难不再是某个阶级的、民族的，而是全人类的；不是公平、正义问题，而是全人类的生存。这是人类历史上前所未有的关乎整个人类生死存亡的危机，其严重程度远远超过历史上的一切战争、灾荒、瘟疫。

毫无疑问，走出这种危机是人类今天面临的最重要的任务。然而怎样才能完成这一任务，我们找不到现成的方法或者途径。首先，寄希望于美国无产阶级发动社会革命是不现实的。那里虽然矛盾冲突不断，有时还十分激烈，但是推翻资本主义制度，在美国还不是具有现实性的任务。其次，第一次世界大战催生了世界上第一个社会主义国家，第二次世界大战以后资本主义世界受到冲击，世界上涌现出一大批社会主义国家。然而在大规模杀伤性武器花样不断翻新威力迅速增加的今天，新的世界大战不会再有胜利者，它将是全人类的毁灭。再次，按照我们长期形成的对唯物史观的理解，历史进步的决定性因素是物质生产力的发展，但是今天摆在我们面前的危机，恰恰是由物质生产力的不受控制的发展造成的。地球日益变小，不能承受人类对它的肆意征服了。最后，即使我们能够用社会主义取代资本主义，问题还是无法解决。社会主义和资本主义相互对立，但是在追求物质生产力的发展和物质财富的增加上，它们是一致的，区别只在于社会主义发展生产是为了满足全社会的需要，资本主义发展生产则是为了满足资本家的一己私利，是资本的无限自我增殖。社会主义国家同样遇到了资源、环境等问题。

事实表明，人类文明今天正处在重大的历史转折关头，寻找出路是人类当前面临的压倒一切的任务。遗憾的是，以往我们对此未能予以足够的重视，许多人还没有意识到它的存在。

二

寻找化解危机的出路，首先需要搞清造成危机的根源。根源是什么？归根到底是产生于轴心时代的文化，是它所确立的价值目标和实现这一目标的途径。只有改变现有的价值目标，人类才能走出今天的危机。站在历史的高度看，这将是人类文明发展方向的重大转折，我们正在进入新轴心时代。这一判断是我们今天认识一切问题的基本前提。

新轴心时代是相对于轴心时代而言的。

1949 年，德国存在主义哲学家雅斯贝尔斯在《历史的起源与目标》一书中提出，公元前 800 年至公元前 200 年，尤其是公元前 600 年至公元前 300 年，中国、印度、巴勒斯坦、希腊四个地区的古老文明都出现了文化突进，在宗教、哲学、文学、自然科学诸方面涌现出一大批重要成果，产生了伟大的精神导师——中国有孔子、老子及先秦诸子，产生了儒家、道家和诸子百家的学说；印度有《奥义书》以及释迦牟尼的思想和佛教经典，对各种哲学问题做了深刻探讨；巴勒斯坦地区的以色列先知们创造了犹太教的《圣经》，即后来基督教《圣经·旧约》；希腊则有荷马及其伟大作品《荷马史诗》，巴门尼德、赫拉克利特、苏格拉底、柏拉图、亚里士多德和他们的哲学，历史学家修昔底德及其著作，伟大的悲剧作品，阿基米德代表的自然科学家。这些文化巨人及其成果井喷式地集中涌现，至今都是难以逾越的高峰。这一时期提出的思想原则塑造了具有不同特点的文化传统。似乎在此之前四个地区的文化发展都是在为这些成就的产生做准备，这些成就的产生则深刻影响甚至决定了此后这些地区以及周边地区文化和社会的发展，其中包含的基本范畴为其后的人类生活奠定了基础，成为各自地域人类文明的精神支柱。这是文明发展中的一次重要历史转折，雅斯贝尔斯把这一历史时期称作轴心时代。

轴心时代之所以成为文明发展的“轴心”，固然与这一时期产生的文化成果达到了极高水平有关，但更重要的是这些成果具有各自的特点并对人类文明在后来两千多年的发展产生了重大影响。

公元前 11 世纪，中国建立了周王朝。中央政权建立了 70 多个诸侯国，诸侯服从王室领导，各自管理自己的领地。大约 300 年后，即公元前 8 世纪，王室衰微，周王朝借以维系社会统一秩序的制度日益崩塌，所谓礼崩乐坏。中国历史进入春秋战国时代，直至公元前 3 世纪周朝灭亡。在这个时期，诸侯国之间，乃至同一个诸侯国内部不同等级的个人之间，为了各自的利益相互争夺，社会失序，战乱不断。内部的争斗使国家四分五裂，广大民众的生活痛苦不堪，重新建立统一的行为规则调节人与人的关系，恢复社会的稳定与秩序，成为社会的普遍需要。孔子的思想是这一需要的集中反映。他的学说博大精深，主要思想是主张“内圣外王”。内圣是指个人的人格和道德修养，即所谓“修身”，培养人的独立精神、自强不息、仁爱自律；外王是指“齐家、治国、平天下”，使人们各安其位，国家井然有序。内圣是基础，外王是目的。他的学说不关心彼岸世界是否存在，把人的注意力集中在人际关系上；它信奉中庸之道，不鼓励斗争征服和开拓进取；它信奉天人合一，服从天命，反对人改造和征服自然。老子注重研究并描述事物的联系变化，但与孔子一样重视以道德调节人际关系。当时也有其他思想家提出了与孔子不同的理论，然而从总体上看，聚焦建立和维护不平等但有秩序的人际关系，强调个人服从整体，建立人与人、人与自然的和谐关系，是轴心时代中国文化的特点。这一特点是当时社会需要的产物①。

印度自公元前16世纪以后被来自西方的一个又一个的民族征服，内部分化为四大种姓以及种姓以外的贱民，再加上种姓内部的阶层，整个社会分为几百个不可改变的等级。大多数人被固定在社会下层，一生生活在苦难之中，生活成为无边的苦海。外族的侵略和内部的战乱更加重了印度人民的苦难。苦难中的广大民众迫切需要心灵抚慰，需要找到一条脱离苦海的道路。印度古老的婆罗门教和哲学经典《奥义书》提出了轮回业报的思想，声称转世者的转世形态取决于他前世的所作所为，只有前世积德行善才能获得福报，在来世脱离苦海。释迦牟尼创立佛教，继承并进一步发扬上述思想，提出人世充满苦难，认识到“四大皆空”，方能涅槃，脱离苦海。佛教让饱受生活苦难的人在离世和来世中看到了希望。这成为产生于轴心时代的佛教的基本思想，在后来的印度教中也可以见到。种姓制度则在印度至今没有完全消失。

以色列位于巴勒斯坦地区，是欧、亚、非三大洲文化交流和贸易往来的必经之处。犹太人的先民不断遭到巴比伦人、波斯人、马其顿人和埃及人的打击与蹂躏，饱受苦难。以色列人迫切需要精神抚慰与精神指

---

① 关于中国和中国文化，可参见黑格尔《历史哲学》《哲学史讲演录》的相关内容。黑格尔从西方中心论出发，认为中国文化属于东方文化，是人类的幼年时期；中国历几千年而很少变化，没有历史。

引，寻找保持社会团结并使犹太民族得到拯救的途径成为犹太人的集体需要。他们建立了犹太教，信奉唯一的神耶和华，到公元前5世纪，犹太先知们基本完成了犹太教的《圣经》，即基督教《圣经·旧约》的写作修订。在犹太教《圣经》中，先知们提出一个完整的世界观，描述了犹太人与上帝的联系：上帝创造了世界，人是上帝的创造物，带有上帝的精神气息，享有自由，生而平等；犹太人是上帝选定要加以拯救并赋予重任的民族；上帝和以色列人建立约定，为人的行为制定规范，破坏规定必遭上帝惩罚，"摩西十诫"对人与神、人与人的关系从十个方面做了规定，并借助神的力量使这些规定获得神圣性、绝对性；人带有原罪，人只有遵从上帝的教诲自我克制才能得到拯救。先知们谴责了社会不公，对穷人表示同情。犹太教《圣经》吸收了欧、亚、非三大洲众多文明的成果，展现出人的生活的多个侧面。它反映了犹太人现实生活中的苦难，满足了苦难中的犹太人和社会下层获得拯救的需要；它一方面强调人有原罪，必须克制自己以听从神的教诲，另一方面赋予人以神性，肯定了人的自由、平等和"契约"的重要；它指出了一条在现实生活中靠自己的努力走向幸福彼岸的道路。

轴心时代的希腊文明是奴隶主的文明。这些奴隶主人格独立，相互平等，充满自信，积极向上。他们无须从事物质生产，热衷于政治活动、竞技体育和对未知世界的探索；人的身体和精神得到赞扬，人对现世幸福的追求被充分肯定。这些拥有大量闲暇时间的奴隶主创造了灿烂的文学、艺术、自然科学和哲学，创造了民主政治和奥林匹克运动。希腊的文学、历史学，生动反映了希腊人开放、自信、积极进取、遵从理性、追求现世幸福的精神风貌。即使是他们创造的神话，诸神也都有血有肉、有爱有恨，一如现实生活中的人类。希腊人的生活需要在更高的层次上加以概括和总结，为他们的实践活动提供理论支持与指引。希腊哲学就是希腊人这种精神需要的反映。古希腊哲学的出现意味着天人不分的神话时代结束，人类开始了自觉的精神生活。早期的希腊哲学本着科学理性精神，面向自然，提出各种各样的世界观。苏格拉底、柏拉图等人把人们的注意力从自然哲学领域引向人的现实生活，他们关注伦理学问题，对正义、勇敢、诚实、智慧、国家等问题做了深入思考，以理性的形式解释了世界与人生。

文化是社会发展的产物，然而文化一旦产生，必然反过来对社会发展产生重大影响。

作为东方国家的中国和印度，或者把人的注意力集中在人际关系上，崇尚和谐、中庸，个人服从集体；或者主要关注人的内心世界，注重因果报应，劝人向善，寄希望于来世。在这样的文化哺育下成长起来的中国人、印度人，缺少独立性和开拓进取精神，这两个创造了辉煌古代文明的国家因此而缺少活力、进取心和对外征服的欲望，在此后近两千年中进步缓慢，社会表现得超级“稳定”。

在犹太教文化和希腊文化影响下成长起来的欧洲人，在人类历史上展现出另外一番景象。

公元前1世纪，罗马人攻占耶路撒冷，犹太人开始流亡世界各地。公元1世纪，在犹太教基础上建立的基督教在亡国的犹太人中流行，而且因为能给苦难中的人们带来抚慰并指出在现世生活中得到拯救的途径而在罗马帝国的底层社会广泛传播，不久又被帝国的上层作为维护统治的工具接受，于公元392年成为横跨欧、亚、非三大洲的罗马帝国的国教。

在中世纪，当中国和印度停滞不前的时候，欧洲出现了重大变化。公元7世纪，伊斯兰教在阿拉伯半岛兴起。希腊的哲学以及希腊、埃及、印度等地的科学，来自中国的火药、造纸术、印刷术，在伊斯兰教与流行于欧洲的基督教的长期冲突中，传入欧洲。14世纪，在意大利沿海城市，由商人、手工业者组成的市民阶层力量壮大。与自给自足的农民不同，市民以追求金钱和物质享受为明确目的。手工业者的手段是生产技艺，商人的手段是贸易，在当时，很大程度上是依托地中海的海上贸易。他们是自由的、独立的人，借助科学、技术和市场，追求金钱和物质欲望的满足。日益兴起的市场经济培养了他们的契约精神和相应的自由、平等、民主、法制观念。他们的要求与欧洲中世纪的封建统治，与主宰全部社会生活、凌驾于人之上压制人的世俗欲望的天主教相冲突，但是他们在希腊哲学中，在希腊、埃及等地的科学、文学、艺术中，找到了自己需要的东西，即对人的独立性、主体性、物质欲望的正当性以及科学理性的巨大力量的肯定。于是，大量古希腊、罗马甚至古代埃及的著作被翻译出版，大批抨击禁欲主义，歌颂人、人的力量和人体之美、人对现世幸福的追求的文学作品以及绘画、音乐、建筑作品涌现出来，意大利兴起了文艺复兴运动。文艺复兴运动很快在欧洲各国出现，天主教会也不断受到冲击。在漫长的中世纪，天主教会政治立场保守反动，但是借助科学理性研究基督教教义，使科学理性得以保存。16世纪初出现的宗教改革，揭露和批判了天主教会的腐败，产生了基督教新教。新教高度肯定人的现实生活，为人的逐利行为辩护，以上帝的名义肯定了人们勤劳致富。《圣经》对人的自由、平等和契约精神的承认与尊重，也为市民阶层发展市场经济提供了帮助。

对物质欲望的正当性和追逐物质利益的经济活动的肯定甚至颂扬，给予市民阶层追求金钱和享受以源源不竭的动力；对科学理性和科学技术的崇尚给工业的发展，从而给广大市民满足自己对金钱和享受的需要，提供了保证。这两者的结合极大地促进了自然科学和市场经济的发展，催生了工业化。政治生活也发生相应变化，产生了资产阶级和资产阶级的民主制度。欧洲由此开始了现代化的历程。从文化发展历史的角度看，欧洲的现代化运动是公元前8世纪至2世纪产生的希腊文化和以基督教为代表的巴勒斯坦地区文化优秀成果的结合，是这些成果的产物。轴心时代形成的许多思想、观念，在现代化运动中充分展示了它们的历史价值。

欧洲国家的现代化运动取得了巨大成功。在欧洲先进国家，资产阶级迅速崛起，工业革命不断加速，政治民主逐步完善。现代化显著地改善了这些国家人民的生活水平，也极大地增强了这些国家的实力；资本的扩张本性推动它们不断向落后国家和落后地区推销产品，寻找资源，到处发动侵略战争。它们这样做也把欧洲人的思想观念、生产方式、政治制度推向整个世界，迫使各国人民走上现代化之路。马克思对此有很好的说明："资产阶级，由于一切生产工具的迅速改进，由于交通的极其便利，把一切民族甚至最野蛮的民族都卷到文明中来了。它的商品的低廉价格，是它用来摧毁一切万里长城、征服野蛮人最顽强的仇外心理的重炮。它迫使一切民族——如果它们不想灭亡的话——采用资产阶级的生活方式；它迫使它们在自己那里推行所谓的文明，即变成资产者。一句话，它按照自己的面貌为自己创造出一个世界。”① 整个世界都或迟或早地被卷入欧洲人掀起的现代化浪潮之中，东方大国印度和中国也先后于 18 世纪和 19 世纪在帝国主义侵略的压力之下以不同方式开始了自己充满苦难的现代化历程。第二次世界大战结束后，现代化进程在全世界愈演愈烈。印度在 1947 年独立后建立了资本主义制度，追求资本主义现代化。1949 年以后中国建立了社会主义制度，也把国家的现代化作为自己的奋斗目标。一大批落后国家摆脱了帝国主义的殖民统治，先后走上现代化道路。在中国，1978 年实行改革开放后，现代化步伐越来越快。到今天，发展科学技术，发展物质生产力，发展市场经济，建立并逐步完善符合自己国情的民主制度，已经成为中国举国上下的共识。现代化潮流席卷全球，成为文明的代名词，如马克思所说：“一切民族甚至最野蛮的民族都卷到文明中来了。”

中国、印度、巴勒斯坦地区和希腊，在轴心时代形成了特点不同的四种文化，这些文化影响了周边国家和相关地区此后两千多年的发展道路。由于中国和印度以及其他落后国家先后走上现代化之路，致力于在发展科学技术的基础上实现生产的工业化、经济的市场化、政治的民主化，我们似乎可以说，生活实践已经证明，轴心时代发源于巴勒斯坦地区的文化和希腊的文化，也即西方文化，通过它所培育的现代化运动，在与中国和印度的东方文化的竞争中取得胜利。有人声称，人类文明不可能超越现代化的成果，历史终结了。

然而事实恰恰相反。通过本文第一部分的简要论述我们看到，尽管世界上不少地区还深陷前现代的苦难之中，但是现代化在带来令人目眩的成就的同时，也使人类陷入前所未有的可以导致全人类灭亡的严重

① 马克思恩格斯选集：第 1 卷. 3 版. 北京：人民出版社，2012：404.

危机。

人类为什么会陷入这样的危机？其原因不在于人们在具体政策、措施上的失误或者科学技术水平和物质生产力的不足，而在于人类一味追求物质财富，依靠科学技术无限制地征服自然。简言之，问题出在现代化本身，在人类追求的价值目标上。

如前所述，文艺复兴运动以后欧洲出现的工业化、现代化，建立在两个文化观念之上。第一是人道主义。文艺复兴运动弘扬人道主义，用物质的、肉体的人取代了上帝，把人置于世界的中心。针对中世纪的禁欲主义，它对人的物质欲望给予肯定和赞扬，为人们追求物质财富和物质欲望的满足提供了强大的源源不竭的动力。第二是科学理性。欧洲中世纪没有否定理性的价值，理性被用来为神的存在与伟大做论证。文艺复兴运动弘扬人的理性，为科学技术的发展提供支持，而科学技术的发展又是发展物质生产获取更多财富的保证。现代化运动以人追求物质财富和物质欲望的满足为动力，然而人的物质欲望是没有止境不断膨胀的；现代化运动从科学技术的发展中获取改造自然的力量，但是科学技术的发展没有终点，人类对自然界的认识与征服的能力永远在增长，我们赖以生存的地球却只有一个。人类文明陷入生存危机不可避免。它是现代化运动本身的危机。而如前所述，现代化运动与轴心时代的文化成果密切相关，现代化运动的危机也可以在轴心时代的文化成果中得到解释。现代化运动的兴起和在全球的扩展与巨大成功，也是轴心时代优秀文化成果的成功。人类生存危机的出现，表明现代化之路已经丧失了合理性，走到历史尽头；现代化运动的文化支柱，它所追求的价值目标，曾经发挥巨大进步作用的轴心时代的文化成果，需要重新审视。

人类文明在今天处于历史性转折关头。为了人类文明继续存在，我们迫切需要创建新的文化，确立新的价值目标，为未来发展指出新的方向，奠定新的基础，就像轴心时代一样。

人类历史已经开启了新的轴心时代。

历史学家汤因比这样说：“既然化身于人性中的邪恶的贪欲已经用充足的技术力量将自己武装起来，这一高潮也许就是人类邪恶而愚蠢地将生物圈加以摧毁，从而将生命全部消灭。……我们不能预见未来，但可以预言，我们正在接近一个道德上的分叉点，它与2 000万或2 500万年前人类和类人猿道路上的生物学分叉一样具有决定性的意义。”① 实际上这是他从历史学家的角度对新轴心时代已经到来的说明。只是在他看来，当前面临的这次转折，关乎人类存亡，比轴心时代的转折，意义更重大。事实的确如此。轴心时代涉及的是如何安顿人的灵魂，如何保持社会稳定和谐，怎样认识和改造世界，增加物质文化财富，享受生命；当前人类面临的文明转折，新轴心时代的任务，涉及的是整个人类的存亡。如汤因比所说，其意义只有2 000万或2 500万年以前人类和类人猿进化道路上的生物学分叉，即人类这个物种的产生，才能相比，其意义之重大，令人震惊。

三

人类文明当前遇到的危机，原因在于它在现代化运动中确立的价值目标和实现这一目标的途径，即借助科学技术的力量改造自然界，获取物质财富，满足人的物质欲望。科学技术的发展和人的欲望的膨胀没有止境，在它们的支配下，人与自然、人与人的对立，“战争”永远不会停歇，“人类的大地母亲”地球必然陷入存在危机，进而威胁到人类自身的生存；由于屈从于物的需要，人的精神需要必然被压制，人与人必然陷入无休止的争夺利益的斗争，人必然落入无法摆脱的不自由、被支配、片面化的精神痛苦之中，甚至导致使用大规模杀伤性武器自我毁灭。归结起来看，危机的原因是人失去了对科学技术的发展、使用以及对物质生产的控制，相反，自己的一切行为、一切思想都受到物质欲望、物质生产的全面控制与支配。由此可见，人类要克服面临的危机，必须不再奴隶般地服从物质欲望、物质生产需要，转而对科学技术和物质生产加以自觉的控制与支配。

① 阿诺德·汤因比. 人类与大地母亲. 上海：上海人民出版社，1992：31.

长期以来人们都说，人是制造工具的动物，制造和使用工具是人和动物的根本区别，是人的本质特征。其实这一说法是值得商榷的，应当做更深入一步的分析。

的确，世界上只有人才能自觉地制造和使用工具，但制造和使用工具并没有把人和动物真正区别开来，因为这只涉及获取物质生活资料的方式，在追求的价值目标上，人和动物是一致的。他（它）们的目标都在获得尽可能多的物质生活资料或物质财富，繁育更多的后代，就此而言，学会制造和使用工具并不意味着人真正结束了自己的动物阶段。人们常说："人为财死，鸟为食亡"。这充分显示出人与动物的一致。迄今为止，人与动物都处在物的支配之下。只是人具有理性，借助"理性的狡猾"用科学技术掌握自然规律并运用这些规律改造自然界，改变了获取物质财富的途径。追求物质生活资料、物质财富是一切动物的本能，人只是借助科学技术提高了获得财富的活动的效率。只有当人不再受物的支配并且反过来支配物时，他才最终脱离了动物界。新轴心时代应该实现也必须实现的，正是这样的转变。这是人类文明的唯一出路。

当人受物的支配的时候，他的生产方式与生活方式，他与他人的关系，以及相应的他的思想观念，最终而言都必须服从物质生产的需要。他处于物的奴役之下，没有自由可言。因为如果不是这样，科学技术和生产工具向他展示的可能得到的物质利益、物质享受，就可望而不可即，他的物质利益就不能得到满足。历史唯物主义把物质生产力的性质、需要作为全部社会生活最终的决定性因素，认为生产力决定生产关系，经济基础决定上层建筑，简言之，社会存在决定社会意识，它的整个理论就建立在物对人的支配这一基础之上。人的动物性决定了人必然要追求物质利益，这种必然性使得自有人类以来社会发展表现出客观规律性——生产力是全部社会生活的决定性因素。1846 年，唯物史观创建之初，马克思便说："人们永远不会放弃他们已经获得的东西，然而这并不是说，他们永远不会放弃他们在其中获得一定生产力的那种社会形式。恰恰相反。为了不致丧失已经取得的成果，为了不致失掉文明的果实，人们在他们的交往方式不再适合于既得的生产力时，就不得不改变他们继承下来的一切社会形式。”① 恩格斯则说：“在黑格尔那里，恶是历史发展的动力的表现形式。这里有双重意思，一方面，每一种新的进步都必然表现为对某一神圣事物的亵渎，表现为对陈旧的、日渐衰亡的、但为习惯所崇奉的秩序的叛逆；另一方面，自从阶级对立产生以来，正是人的恶劣的情欲——贪欲和权势欲成了历史发展的杠杆……”②

由物支配人转变到人支配物，是一个重大的历史性的转折。生产力在社会发展中起决定作用，是物支配人的集中体现。一旦人开始支配物，人就不再把获取更多的物质财富作为价值目标，因而生产力和生产关系就不再是影响人与人、人与自然的关系以及人的思想观念、社会制度的决定性因素，人就可以按照自己的意愿自觉地安排和控制科学技术的发展与运用，并且由他自己来决定科学技术的开发与运用，决定生产什么、怎么生产、生产多少、产品如何分配，决定人与人的关系，决定人们的文学、艺术、道德、哲学观念，整个的社会制度和人对自然界的态度，就不再取决于它们是否有利于物质生产的需要，归根到底，不再取决于它们是否能够使人获得更多的物质财富。这表明人彻底摆脱了物的支配，进入自由王国，标志着人最终脱离了动物界，作为本能在动物界起决定作用的生存、繁殖需要，不再适用于人类了。

必须承认，迄今为止伦理学在人类社会生活和历史发展中发挥了重要作用，但是说到底，伦理道德在人的社会生活中不是独立自主的存在，它们属于被决定的领域，属于必然王国。迄今为止，在处理人与自然特别是人与他人的各种关系时，人们所遵循的伦理道德观念，作为上层建筑，是由经济基础决定的，最终而言是由生产力的性质和水平决定的。伦理学家的任务只在于认识经济基础、社会存在，从伦理学的角度认识它们对人的客观要求，并把这些要求变成道德规范和体现这些规范的行为准则，对人们的行为加以约束，以服务于经济基础。在人类文明

① 马克思恩格斯文集：第10卷．北京：人民出版社，2009：43-44.

② 马克思恩格斯文集：第4卷．北京：人民出版社，2009：291.

社会的前资本主义阶段，普遍存在人对人的依赖关系，伦理学在社会生活中发挥着重要作用。即便在这时，伦理学仍然属于人的必然王国。人是不自由的，是被社会存在决定的。伦理学从来不是也不可能是社会生活中独立的起决定性作用的因素。

新轴心时代的开启，是人类结束自己的动物阶段走向自由王国的开始，意味着人的行为将逐渐摆脱物的支配。也就是说，人不再为了获取更多的物质利益而奴隶般地服从由生产力的性质决定的社会分工，相反，人将自觉地决定和规划他与自然、与他人的关系，决定、规划和组织科学技术与物质生产活动，对它们加以自觉的管理与控制。毫无疑问，这些变化意味着决定人的行为，决定人与自然以及与他人的关系的，不再是物质生产力的需要，而是人的关于人与人、人与自然的关系的伦理道德观念。这意味着在人类历史上伦理学将拥有独立的地位，获得前所未有的发展空间，迎来真正属于它的春天。

在这一变化中，马克思主义和马克思主义伦理学具有无可替代的重要价值。伦理学始终是马克思主义理论的重要内容。马克思主义伦理学强调社会存在决定社会意识，经济基础决定上层建筑，使得伦理学跳出唯心主义泥淖，具有了科学性。在对资本主义的批判中，在社会主义建设中，马克思主义伦理学发挥了重要作用。更为重要的是，马克思主义早就对当今人类面临的重大转折——从物支配人转变为人支配物，从人的动物阶段的彻底结束到真正的人的历史的开始，有了清醒的认识。这就是它的共产主义思想。

共产主义是马克思恩格斯毕生为之奋斗的目标，他们一再强调，共产主义是人的真正诞生，是人的动物阶段的结束。马克思说：

> 大体说来，亚细亚的、古希腊罗马的、封建的和现代资产阶级的生产方式可以看做是经济的社会形态演进的几个时代。资产阶级的生产关系是社会生产过程的最后一个对抗形式，这里所说的对抗，不是指个人的对抗，而是指从个人的社会生活条件中生长出来的对抗；但是，在资产阶级社会的胎胞里发展的生产力，同时又创造着解决这种对抗的物质条件。因此，人类社会的史前时期就以这

种社会形态而告终。①

这里所说的资本主义社会形态的终结，就是共产主义社会的来临。恩格斯说：

一旦社会占有了生产资料，商品生产就将被消除，而产品对生产者的统治也将随之消除。社会生产内部的无政府状态将为有计划的自觉的组织所代替。个体生存斗争停止了。于是，人在一定意义上才最终地脱离了动物界，从动物的生存条件进入真正人的生存条件。人们周围的、至今统治着人们的生活条件，现在受人们的支配和控制，人们第一次成为自然界的自觉的和真正的主人，因为他们已经成为自身的社会结合的主人了。人们自己的社会行动的规律，这些一直作为异己的、支配着人们的自然规律而同人们相对立的规律，那时就将被人们熟练地运用，因而将听从人们的支配。人们自身的社会结合一直是作为自然界和历史强加于他们的东西而同他们相对立的，现在则变成他们自己的自由行动了。至今一直统治着历史的客观的异己的力量，现在处于人们自己的控制之下了。只是从这时起，人们才完全自觉地自己创造自己的历史；只是从这时起，由人们使之起作用的社会原因才大部分并且越来越多地达到他们所预期的结果。这是人类从必然王国进入自由王国的飞跃。②

“人类社会的史前时期就以这种社会形态而告终”，以及“最终地脱离了动物界，从动物的生存条件进入真正人的生存条件”，在马克思主义语境中，意味着共产主义社会的到来。在共产主义社会，物质生产受人的支配，人获得自由，这正是新轴心时代追求的目标。马克思主义关于共产主义的思想，马克思恩格斯把共产主义取代资本主义这一历史转折，概括为人类社会史前时期的结束和人在一定意义上最终脱离了动物界，实际上是对新轴心时代的预言。

不仅如此，马克思恩格斯的共产主义思想还对脱离动物阶段后人类

① 马克思恩格斯选集：第2卷．3版．北京：人民出版社，2012：3.

② 马克思恩格斯选集：第3卷．3版．北京：人民出版社，2012：671.

如何从自己的伦理观念出发组织社会生活提出了具体的合理设想。

前面已经提到的恩格斯关于共产主义社会的论述指出：人们周围的、至今统治着人们的生活条件，现在受人们的支配和控制，人们第一次成为自然界的自觉的和真正的主人，因为他们已经成为自身的社会结合的主人了。人们自己的社会行动的规律，这些一直作为异己的、支配着人们的自然规律而同人们相对立的规律，那时就将被人们熟练地运用，因而将听从人们的支配。人们自身的社会结合一直是作为自然界和历史强加于他们的东西而同他们相对立的，现在则变成他们自己的自由行动了。至今一直统治着历史的客观的异己的力量，现在处于人们自己的控制之下了。只是从这时起，人们才完全自觉地自己创造自己的历史；只是从这时起，由人们使之起作用社会原因才大部分并且越来越多地达到他们所预期的结果。这是人类从必然王国进入自由王国的飞跃。在这里，恩格斯所强调的，是人进入了自由王国，即以往作为异己力量支配人的自然规律、社会规律开始被人们熟练地运用，处在人的控制之下。

马克思则更进一步对人如何自觉运用客观规律处理人与人、人与自然的关系以及处理这些关系时遵循的原则，做了说明。他说：

> 随着基础即随着私有制的消灭，随着对生产实行共产主义的调节以及这种调节所带来的人们对于自己产品的异己关系的消灭，供求关系的威力也将消失，人们将使交换、生产及他们发生相互关系的方式重新受自己的支配。①

马克思又说：

> 自由王国只是在必要性和外在目的规定要做的劳动终止的地方才开始；因而按照事物的本性来说，它存在于真正物质生产领域的彼岸。……社会化的人，联合起来的生产者，将合理地调节他们和自然之间的物质变换，把它置于他们的共同控制之下，而不让它作

① 马克思恩格斯文集：第1卷. 北京：人民出版社，2009：539.

为一种盲目的力量来统治自己；靠消耗最小的力量，在最无愧于和最适合于他们的人类本性的条件下来进行这种物质变换。但是，这个领域始终是一个必然王国。在这个必然王国的彼岸，作为目的本身的人类能力的发挥，真正的自由王国，就开始了。①

以上论述表明，马克思不但与恩格斯一样强调在共产主义社会里人将把人与自然以及人与人的关系置于自己的自觉控制之下，而且指出实行这种控制时人所遵循的原则：在物质生产领域是“在最无愧于和最适合于他们的人类本性的条件下来进行这种物质变换”；在社会生活中则是以人“本身的人类能力的发挥”为目的。所谓“人类本性”，就是指人的主体性、能动性、创造性，指人与人的合作、互助、友爱，人与自然的和谐和相互促进协同发展。总体来说，就是人的内涵丰富的实践性。因为实践是人的“类本质”，主体性、能动性、创造性，人与人的互助友爱，人与自然的和谐和相互促进协同发展，都是人的实践活动的题中应有之义。所谓“作为目的本身的人类能力的发挥”，就是指人的丰富个性——他的各种才能、兴趣和精神需要的全面自由的发展。以最无愧于和最适合于人类本性的方式组织物质生产，遵照把人类能力的发挥作为目的本身来安排社会生活，为进入自由王国的人类指出了在人与自然、人与人的关系方面的行为准则，为人类确立了最基本的伦理学原则。

综上所述，按照马克思恩格斯的设想，作为人的自由王国的共产主义社会，以无愧于人的本性实现人的个性的自由全面发展为宗旨的伦理学，即共产主义时代的马克思主义伦理学，将是人类全部社会生活的指导原则。那将是一个伦理学，马克思主义伦理学，在全部人文社会科学理论中，甚至是在全部社会生活中，处于核心地位引领人类文明的时代。

马克思恩格斯关于未来社会的设想，从逻辑上、理论上看，是合理的科学的。因为人类正在面临生存危机，这一危机的根源是人与动物共

① 马克思恩格斯文集：第7卷．北京：人民出版社，2009：928-929.

有的追求物质财富物质享受的价值目标，人只有改变这种价值目标，结束自己的动物阶段，在人与人、人与自然的关系上摆脱动物本能的束缚，对它们加以自觉设计、自觉控制，人类才有未来，这些都毋庸置疑。人类文明面临重大历史性转折，新轴心时代已然来临，这是客观事实。半个世纪以来国内外哲学领域政治哲学的迅速崛起，全球性问题引起人们越来越强烈的关注，关于新轴心时代的讨论时有所闻，就是这一变化正在到来的表现。在这个问题上，除了马克思恩格斯指出的道路，我们看不到人类文明的其他出路。在《共产党宣言》中，马克思恩格斯把资本主义制度必然带来经济危机，使生产力遭到破坏，必然造成无产阶级数量增加并且陷入贫困，作为资本主义必然灭亡共产主义必然胜利的重要理论依据。现在这些依据依然成立，虽然具体表现已经与马克思恩格斯的时代有了很大不同。真正使马克思恩格斯的共产主义思想，从而赋予马克思主义伦理学巨大历史意义的，在今天看来，不是《共产党宣言》提出的以上论据，而是我们在前面提出的人类面临的生存危机。经济危机与无产阶级贫困涉及的只是人类能够获得的物质财富的多少，是资产阶级剥削行为的不道德，当前的资源、环境、生态、气候、大规模杀伤性武器的使用，人的全面异化、单向度化，物化向社会、向人的日常生活的无孔不入的深入，使人类的继续生存，使人还能不能作为人而存在，成为严肃的不可回避的问题。我们说新轴心时代已经来临，社会主义共产主义必将取代资本主义，真正的人的历史终将开始，以及伦理学将会迎来自己的春天，最主要的依据就在这里。

实现人类文明的这次转折，是一个漫长的历史过程。它是人的利益的重大调整，因而也必将是一个充满激烈斗争的过程。当前美国称霸世界的野心所引发的全球动荡、全球冲突，以及由此造成的人类因不能联合行动而导致新冠肺炎疫情在全球肆虐，就是这一过程艰难性的表现。谁也不知道前面的路有多长，不知道未来将经历什么样的艰难曲折，将付出多么大的代价，但是，人类还有其他路可走吗？没有了。

The New Axis Age and Marxist Ethics

Abstract: The emergence of weapons of mass destruction and changes in resources, environment, ecology, population, climate and other fields since the second half of the 20th century have directly threatened the survival of mankind. The reason for the problem is that human beings blindly conquer nature and pursue material wealth infinitely. This value goal and development idea are established gradually on the basis of the cultural achievements of the Axis Age. In order to continue to survive, human civilization must change its original value goal and find a new direction of development. Human history has ushered in the New Axis Age. So far, human beings have been under the control of things, and everything obeys the needs of material production. This is the underlying reason why human civilization is in crisis. The New Axial Age will gradually achieve the domination of human beings over things. This means that ethics aimed at dealing with the relationship between man and man and nature will gain an independent status in social life and play an unprecedented and important role. The united individual consciously controls science and technology and material production in a way best worthy of human nature, and consciously arranges social life to achieve the all-round development of human personality. It is the core view of Marx and Engels' Communist thought. The advent of the New Axis Age is inevitable in history, which will also be the realization of the communist principles. Ethics, especially Marxist ethics, will play a decisive role in the center of the future kingdom.

Keywords: The Crisis of Human Civilization; The New Axis Age; Communism and Marxist Ethics

访　谈

矢志不渝的马克思主义伦理学研究

——访南京大学郭广银教授

郭广银　韩玉胜*

摘　要：本次访谈对象是南京大学郭广银教授，郭老师分享了自己40年来的研究历程、研究心得和研究成果。访谈主要包括五个方面：一、矢志走向马克思主义伦理学；二、学术道路上的“理想”之思；三、学科的成长与育人的欢欣；四、跟着实践拓展新的研究领域；五、迈向“大伦理观”的新征途。从留校任教到从事管理工作，从伦理学探索到新思想阐释，郭老师始终坚持真正把做人、做事、做学问统一起来，努力做对国家、对民族、对人民有贡献的学问。这就是郭老师求学问道的初心，就是她矢志不渝的伦理关怀。

关键词：马克思主义伦理学　伦理学原理　大伦理观

始终坚持以马克思主义为指导开展伦理学研究是一种学术追求，更是一种矢志不渝的内心信念。2020年10月，韩玉胜副教授就马克思主义伦理学研究经历访谈了南京大学郭广银教授。访谈中，郭广银教授分享了自己的研究历程、研究心得和研究成果，提出了“大伦理观”这一概念，就是要超越狭隘的伦理道德命题和学术概念之争，进入深层次的

---

* 郭广银，南京大学教授；韩玉胜，南京大学副教授。

伦理关怀层面，探索道德发展的基础支撑和根本动力。

一、矢志走向马克思主义伦理学

韩玉胜：郭老师，您好！非常感谢您接受访谈。我们都知道，郭老师是南京大学伦理学创始人，您是从何时开始从事伦理学教学和研究的？

郭广银：1977年2月，根据国家需要统一分配，我留在南京大学哲学原理教研室，开始走上工作岗位，主要是给学生讲授辩证唯物主义、历史唯物主义。1980年，就在我给同学们上哲学原理课开始“顺手”的时候，哲学原理教研室交给我一个新的任务——转向伦理学的教学研究。那时，南京大学哲学系决定将伦理学列为本科生的必修课程。但由于历史原因，全系专攻伦理学的师资力量近乎为零。

恰好在1980年6月，全国第一次伦理学理论研讨会在无锡召开，葛林老师、潘洁老师和我三个人都去参加了这次会议。会上，我开始了解到当时国内伦理学界所面临的形势、研究现状和紧迫任务，并得到了罗国杰、李奇等老一辈伦理学专家学者的热情鼓励和关怀，对伦理学研究也产生了极大的兴趣。从无锡回来后，哲学系分管教学的副主任孙伯鍨老师就找我谈话，说系里准备开伦理学课，但缺一个老师，系里研究后认为我适合搞伦理学，并且他觉得我这个人也“像是搞伦理学的”，决定让我转向伦理学教学研究。

韩玉胜：以前听郭老师讲过参加伦理学进修班的经历，这个进修班对您从事伦理学研究有哪些影响？

郭广银：1980年9月，南京大学哲学系派我到北京大学进修一年，那时候适逢在中国人民大学开办第一届全国高校伦理学教师进修班。罗国杰教授受教育部委托，在中国人民大学开办了一个高校伦理学骨干师资培训班。这个培训班一共办了两届（1980—1981年，1982—1983年），吸收了当时全国高校的伦理学骨干师资。若干年后，许多学员逐渐成为国内伦理学界的中坚力量和领军人物。

我虽然在北京大学进修，但同时也不愿意错过人大培训班的学习机会，于是就两边跑，往返于未名湖畔和人大校园。为了方便来回跑，我还专门让哥哥从山东德州寄来一辆自行车，骑着自行车就方便了些。在两个校园里，我亲耳聆听了张岱年、李奇、周辅成、朱伯崑、罗国杰、朱德生、魏英敏、宋希仁、许启贤、金可溪等著名学者的课。可以说，每位前辈都是满腹经纶，学问做得很扎实，上课讲得也非常精彩。他们讲授的伦理学原理、中国伦理学、西方伦理学等课程，打开了我学习和研究的视野，让我对伦理学的认识有了质的提升，并且逐渐摸到了伦理学学习和研究的门道，找到了进行学术研究的感觉。同时，我还结识了来自全国各地的青年才俊，彼此志同道合，频繁进行讨论交流，在观点交锋中建立了深厚友谊。这些同学、同仁，对我日后的伦理学研究都有很大帮助。

一年进修，转瞬即逝。经过这段时间的学习熏陶，我领会到了伦理学的博大精深，真正“死心塌地”地愿意转向伦理学的教学研究。1981年7月，我结束进修回到南京大学，就正式转入了新的教学研究领域。1982年，我再次走上南京大学的讲台，但不是之前的哲学原理课了，而是单独开设的伦理学课。

韩玉胜：郭老师从开始研究伦理学就特别强调坚持以马克思主义为指导，您能给我们讲讲您学术生涯开始时的伦理学研究情况吗？

郭广银：经过几年的伦理学教学，我常常沉浸在伦理学问题思索中，对一些基本问题渐渐形成了自己的看法，甚至还有种不吐不快的冲动。1984年，我梳理全国伦理学界共同关注的几个热点问题，写成《近几年来伦理学研究的主要问题》一文，作为江苏省第一次伦理学代表大会的会议论文，并作大会发言。我主要介绍了伦理学的基本问题、科技发展对道德进步的影响、改革开放和伦理道德的关系等几个问题，引起了同仁们的兴趣，也增强了我的研究信心。随后，我结合伦理学教学实践，围绕一些伦理学的范畴撰写并发表了系列学术论文，这些范畴包括道德现象、道德评价、道德理想、道德主体、道德标准、道德责任等。之所以会聚焦于这些范畴，与改革开放之初伦理学学科当时关注的热点问题是分不开的。我在写其中每篇文章时，都很自然地运用马克思主义原理来分析看待这些基本道德范畴，回应社会上的各种观点思潮。

道德现象是我最先着手探讨的一个概念。大家都说，伦理学研究的是道德现象，但是道德和道德现象到底怎么区分，当时并没有说清楚，不少人还将其混为一谈。实际上，道德现象的内涵比道德要大得多，道德是一种行为原则规范，而道德现象既表现为包括道德在内的道德意识现象，也表现为道德活动现象。道德的原则规范、心理意识和行为活动，都是道德现象，但后者并不是道德的内涵。基于这些认识，我写了《道德与道德现象》一文，发表在1985年的《南京大学学报》上。后来，我在《伦理学原理》中对这两个概念进行了更为深入的辨析。总的看法是，应该对道德内容有清晰的界定，不能把那些大量的道德现象说成是道德本身。后来我对道德现象的定义是，凡是可以用经验、理性向人们提供的并且能够被人们感知到的人类道德生活的一切表现形式，都可成为道德现象，包括道德意识现象和道德活动现象。而这两种道德现象各自有着社会整体的和个体的之分。

也是在那段时间，学界和社会上对道德现象的评价，存在不同的观点。这是一个很有意思，也很有研究价值的问题。道德之所以能够发挥它的社会作用，原因之一就在于道德评价。研究道德现象，自然绕不开这个问题。那么，一个具体的行为是善是恶，标准是什么？也就是，道德评价的根据是什么？一直以来存在两种观点，一种是动机派，认为行为与行为的效果无关，动机好就是善的，动机坏就是恶的；一种是效果论，认为应以行为的效果来判断善恶，认为效果好就是善的，效果坏就是恶的。这两种观点，都有一定的道理，但也都存在一些解释不通的地方。

我认为，只有坚持以马克思主义为指导，注重动机与效果的辩证统一，才是正确的态度，才能得出正确的判断。全面而公正的做法，应是在得出效果与动机是否一致的正确判断之后，再将动机与效果结合起来，作出行为的善恶性质及程度的回答，对效果从正面表现动机的行为则易判断，动机好、主要效果也好的行为是善的，具有最高的道德价值；动机坏、效果也坏的行为是恶的，毫无道德价值，而在这两类行为中各自又有程度的区别，道德价值有量的大小之分，这大概不会有异议。而对动机好、主要效果坏的行为也不能简单地得出动机好行为善的结论。动机好效果坏，固然不应在道德上受到谴责，但这一类行为的道德价值，毕竟不如动机好效果也好的高。基于这样的观点，我写了《怎样从动机和效果的统一中进行道德评价》一文，在《南京大学学报》上发表。

韩玉胜：《伦理学原理》是郭老师的代表作，也一直是伦理学界学习和研究的一本重要著作。您能给我们讲讲这本书的情况吗？

郭广银：到 1994 年，我从事伦理学的教学研究已经有 14 个年头了，围绕伦理学相关问题也发表了十多篇学术论文，教学的讲义也日趋完善。1992 年 2 月，我晋升副教授，1993 年 3 月被评为硕士生导师，随后南京大学哲学系设立了伦理学硕士点。我感觉，编著一本书的条件已基本成熟。倘若能编写一本书，一方面可以把我的研究成果更加系统、更为全面地呈现出来，有助于进一步提升学术研究水平；另一方面也可以促进伦理学学科建设，为本科生、硕士生提供一本参考教材。于是，尽管那时承担着紧张繁忙的管理工作，我还是决心和同事、学生们一起编写一本《伦理学原理》。先是构思并拟就全书的写作大纲，并且先行撰写全书 18 章中的 7 章全部内容。余下的 11 章，由当时哲学系几位留校工作的同志协助完成，他们在我提供的讲稿、讲义的基础上，按照大纲，分工合作，圆满地完成了撰写任务。全书共计 36.5 万字，并于 1995 年 2 月由南京大学出版社出版。让我们特别感动的是，老教育家、南京大学名誉校长匡亚明先生，在年事已高的情况下，不仅在写作过程中提出了富有启发性、建设性的中肯意见，而且还在书稿完成后为本书作序。匡老的褒奖和扶掖，我永志难忘。

《伦理学原理》一书坚持以马克思主义基本原理为指导，从改革开放和社会主义现代化建设的历史背景出发，结合、吸收国内外有关伦理道德问题的最新研究成果，进行了富有新意的阐述与探索，力求有所突破。这本书的内容非常广泛，涉及道德的基本理论、社会主义道德体系、人类个体与群体的道德意识和道德实践等重大问题。从内容构架和观点阐述看，在当时应该是具有前沿性、探索性、突破性的。其中道德主体、道德标准、道德评价等观点，都是在前期论文基础上进行的深化、拓展、提升。“三大关系”的观点贯穿全书始终，是一条比较鲜明的线索，也是本书的重要特色之一。书中提出，中国特色社会主义道德体系以集体主义、社会主义人道主义和社会主义公正为三大基本原则，由公民道德、社会公德、职业道德、家庭道德、交友道德、人与自然关系道德、人与自身关系道德等内容所构成。

该书首次出版后，1999 年 4 月第 2 次修订印刷，2006 年 3 月第 3 次印刷，累计发行量上万册。国内不少高校将其作为伦理学专业的教科书或者推荐必读书。伦理学界同仁也对该书给予较高评价，认为该书对道德本质和道德功能、道德主体和道德标准、道德选择和道德评价、道德心理和道德品质、道德人格和理想人格、道德教育和道德修养等一系列问题进行了逻辑严密且富有理论深度的清晰阐述。《江海学刊》1995 年第 6 期、《道德与文明》1995 年第 5 期、《中国教育报》1995 年 7 月 19 日刊发了书评。中国伦理学会副会长、湖南师范大学王泽应教授在《20 世纪中国伦理学研究及其历史启示》一文中把该书视为 20 世纪中国伦理学研究的代表性作品。2008 年 12 月，该书被南京大学评为“改革开放以来南京大学文科有重要影响的学术著作”。此外，该书还获江苏省政府、中国伦理学会等的奖励。

就我个人的学术历程而言，这本书可以说是代表性的成果，集中了我对伦理学基础理论的认识。在此之后，我的伦理学研究尽管发生了一定程度的“转向”，更加关注中国传统伦理思想、应用伦理学的研究，但这些研究都建立在《伦理学原理》的基本观点之上，马克思主义的立场、观点、方法一以贯之。

二、学术道路上的“理想”之思

韩玉胜： 这些年我们发现了一个“有趣”的问题——从上世纪80年代至今，郭老师一直坚持从不同侧面关注着理想问题，并且发表了一系列成果。您为什么对理想问题如此“情有独钟”？

郭广银： 回顾我的学术历程，确实是这样的。1982年8月24日，我在《新华日报》上发表《共产主义理想人格浅谈》一文。这也是我发表的第一篇文章。文章不长，只有1 600多字，但手写的稿子变成报纸上的铅字，公开发行并和读者分享观点，对我而言确实是一种鼓舞。这篇文章谈不上有多深邃的见解、多新颖的观点，但其中提到了“理想”和“理想人格”等关键词。从上世纪80年代、90年代，再到新世纪初、党的十八大以来，我对理想问题的思考与研究一直持续着。坦率地说，这其中有一个从不自觉到自觉的过程，或者说从偶然到必然的过程。前期，是对社会热点问题有感而发，开始写这方面的文章。后来，随着对伦理学研究的加深，愈加强烈意识到理想问题的重要性，便有意识地坚持和加深对此问题的研究。伦理学本质上是价值哲学，归根到底是在思考“什么是好的社会”“什么是好的人生”，这就是社会理想和个人理想。理想，是对伦理学本质问题的深度追问，是在追求一种超乎现实的道德境界。正因如此，理想问题才展现出无穷的思想魅力，引领我持之以恒地关注思考。

韩玉胜： 您之所以关注理想问题的讨论，与当时人生观的讨论有很大关系吧？

郭广银： 是的。之所以谈理想问题，和当时那几年大家广泛关注的一场人生观讨论有关。1980年5月，发行量超过200万册的《中国青年》杂志刊登了一封署名“潘晓”的长信——《人生的路呵，怎么越走越窄？》。这封信历数了自己受到的教育与现实相差太远所带来的困惑、理想从建立到幻灭的过程、寻求友谊和爱情时遭到的背叛、在寻找人生意义时感到的茫然。其中，“潘晓”认为：“人都是自私的，不可能有什么忘我高尚的人。过去那些宣传，要么就是虚伪，要么就是大大夸大了事实本身。”文末还写道：“任何人，不管是生存还是创造，都是主观为自我，客观为别人。就像太阳发光，首先是自己生存运动的必然现象，照耀万物，不过是它派生的一种客观意义而已。”随即，引发一场全国范围内的“潘晓讨论——人为什么要活着”。这个事件后来被称为“整整一代中国青年的精神初恋”。

这场讨论持续了半年多时间，但其中首提的“主观为自己，客观为别人”伦理命题，却在全国伦理学界萦绕多年，相关讨论越来越深化。在伦理学课堂上，同学们也会围绕这些问题展开讨论甚至是激烈争论。“人都是自私的，不可能有什么忘我高尚的人。”经过反复思考，对于潘晓这个观点，我并不赞同，这实质上涉及伦理学中的理想人格或者说道德理想问题。我们在生活中可能会遇到各种各样的人，和理想的设定可能不尽一致甚至背道而驰，但却不能因此就放弃对理想人格的追求，不能因为“实然”的不足而否定“应然”的价值。

我的这篇文章，专门谈共产主义理想人格。那时，一提到共产主义理想人格，有人便觉得这是“假、大、空”的说教，如果有谁按照这种人格的要求去做，便认为他是“假”或“傻”或“正统得可笑”。我在文中分析了共产主义理想人格的内涵和本质，列举了现实生活中的先进典型人物，说明“理想人格不是高不可攀的，也不是可望而不可即的”。我认为，树立共产主义理想人格是极其重要的。这是因为，任何一个人只要他生活在世，就都不可避免地要遇到如何做人的问题，并且必然产生各自的标准。共产主义的理想人格能给人以鼓舞、教育和鞭策，正像在沙漠里走路需要路标一样，在人生的道路上漫步，亦需要以理想人格为榜样。

韩玉胜：那么，在以后的研究中，郭老师是如何继续深化理想问题的研究和讨论的呢？

郭广银：文章发表后，我对理想问题的研究和思考并没有停止。

1985年，我和潘洁老师一起共同完成一篇文章，对此进行比较全面系统的探讨，旨在解开理想教育中的若干理论困惑。文中，我区分了科学理想与非科学理想，认为“人们在思想上确立起来的，符合客观发展规律的，经过奋斗能够实现的想象和目标才谓科学理想，它表示对未来事物的合理的追求和向往”，这不同于空想、妄想、幻想。理想有不同的层次，包括社会理想、道德理想、职业及其成就理想、生活理想等，而社会理想是最根本的，既规定和制约着其他理想，又不能脱离其他理想而孤立存在，必须使之与其他理想统一起来。我还谈到，树立共产主义理想与坚持社会主义物质利益原则是一致的。脱离群众的实际利益，把理想教育变成抽象空洞的讨论是不会有收效的。问题不是要否讲物质利益，而是如何讲物质利益。除此之外，我还围绕理想与现实、远大理想与阶段理想的关系阐发观点。

上世纪90年代初，受市场经济浪潮下社会价值观念变化的冲击，青年群体特别是大学生群体又一次站在了理想选择的十字路口。1993年4月，南京大学校报编辑部收到一封署名为“柯望”的来信，诉说自己的困惑：“现在，没有理想成时尚了……有一次春游时，大家在一起闲聊，团支部书记讲理想，大家都感到好笑。有理想有追求的人似乎活得都很累，没理想没有追求的人反而叫人看了似乎很充实……有些事情，用理想解释不通，用功利一说就明白了，功利真是解开一些困惑的钥匙吗?”这封信在校报刊登后，全校同学就此问题畅所欲言，一场名为“重塑理想”的讨论迅速展开，并有许多教授、学者纷纷发表意见。不久，《人民日报》头版头条以较大篇幅刊登了相关通讯报道，把讨论及时推向全国，大批高校学生、部队官兵等参与讨论。我迅速断定，这个讨论之所以产生如此大的反响，就是因为把一些难以回答或无从得到明确答案的问题摆了出来，激起了大家的共鸣。

这场讨论所涉及的核心问题，恰恰是我长期思考关注的理想问题、人生观问题，也激发了我的讨论热情。那段时间，我在《党建研究》《新华日报》《群众》等报刊上发表多篇文章，紧扣大家讨论的热点问题阐述自己的观点，直接回应青年群体的思想困惑。在中组部主办的《党建研究》杂志上，我发表《谈谈理想问题》一文，重申对于理想问题的基本认识。那时，《新华日报》推出“理想啊，怎么越想越累?”专题沙龙，我以《让理想伴你远行》为题，和读者进行文字交流。在江苏省委主办的《群众》杂志上，我以《理想“越想越累”吗?》为题，引导青年树立远大理想，培养正确的人生观价值观。

党的十八大以来，习近平总书记围绕理想信念发表了一系列重要讲话，激发了我对理想问题的再度思考与关注。习近平总书记形象地说，对马克思主义、共产主义的信仰，对社会主义的信念，是共产党人精神上的“钙”。没有理想信念，理想信念不坚定，精神上就会得“软骨病”，就会在风雨面前东摇西摆。对此，我发自内心地认同，这抓准了新时代中国共产党人必须正视的关键问题。在党内，有一些人认为共产主义是可望而不可即的，甚至认为是望都望不到、看都看不见的，是虚无缥缈的。2017年，我以《坚定理想信念 补足精神之“钙”》为题，谈了坚定理想信念的价值意义、判断标准和实现途径。后来，这篇文章发表在9月份的《人民日报》上。

三、学科的成长与育人的欢欣

韩玉胜： 郭老师经常提到特别热爱伦理学专业和当一名伦理学教师，您能否给我们讲讲您讲授伦理学课程的一些情况?

郭广银： 从儿时起，和其他农村人一样，我对教师群体充满敬意。后来成了大学老师，深感这是个特殊的职业，常常是如履薄冰，时时提醒自己要对得起这份工作。直至今日，我依然认为“老师”是我最为自豪的身份。每次听到别人叫我“郭老师”，总能唤起我内心的那种荣誉感、责任感。从教40多年来，我到底教过多少学生，也没有坐下来慢慢算过，但用“桃李满天下”来形容倒是恰如其分的——学生们确实遍布全国各地。

我不仅给哲学系的学生上课，还给经济系、法律系等其他院系的学生上伦理学课，后来还给研究生们上专业课。每年都有一些哲学系的本科毕业生，选择伦理道德方面的选题作为毕业论文，由我来指导完成。那些年，因为伦理学专业教师比较缺，我还上过一些培训课，有的还是在其他学校上的。比如有一次，我在南京师范大学给全省的辅导员培训班讲伦理学。还有一件让我印象特别深的事情：1984 年，我给南京大学历史系 1984 级石油管道干部专修班上伦理学课，这批专修班学员非常认真，对伦理学也很有兴趣。学习期间，他们搜集马克思、恩格斯、列宁、毛泽东关于道德问题的论述，编成了一本书——《马克思、恩格斯、列宁、毛泽东论道德》。这本书很实用，可以为教学、科研和伦理学爱好者提供不小的帮助，我至今还收藏着。

后来，无论工作多忙，我都坚持上讲台给学生讲课。在南京大学党委和省委组织部工作期间，日常事务非常多，精力有限，我就利用晚上来给研究生上课。我先后主讲的研究生课程有现代伦理学、现实伦理道德问题专题研究、马克思主义伦理学专题研究、当代中国道德建设研究等。上课，其实也是为了减少一些应酬，增加一些研究思考讨论的时间。正是因为这种坚持，我一直保持着对伦理学的研究与思考，保持着上课、带学生、写文章的节奏，始终没有间断。

韩玉胜：郭老师创立了南京大学伦理学学科，培养了许多优秀的伦理学人才，请郭老师大体给我们介绍一下。

郭广银：在我和同事们的共同努力下，南京大学的伦理学学科不断发展壮大，逐渐取得硕士点、博士点，形成了一支具有相当研究能力的学科队伍，培养了一批非常优秀的硕士生、博士生。南京大学伦理学的硕士点，设立于 1994 年，当时还是经教育部批准设立的。2000 年，南京大学哲学系招收伦理学方向的博士研究生，2003 年正式设立伦理学博士点。目前，该学科点有教授 3 人，副教授 3 人，其中 3 人有国外留学经历，拥有一个跨学科的研究中心，其成员在国内伦理学界具有相当影响。该学科已有 169 人获得硕士学位，68 人获得博士学位；在读硕士研究生 12 人，在读博士研究生 18 人。这些毕业生，有的任职于南京大学、华东师范大学、中南大学、华东政法大学、南京医科大学、中国矿业大学等高等院校，有的任职于中央统战部办公厅、江苏省委组织部、南京市政府办公厅、江苏省委办公厅等党政部门，有的任职于群众杂志社、江苏人民出版社、天风证券、银城地产等知名企事业单位。

我在南京大学伦理学专业共招收47位博士研究生，他们绝大部分都拿到博士学位顺利毕业。我对他们的共同要求，是要把做学问和做人结合起来，也就是“做学问博大精深，做人堂堂正正”。在研究方向上，我充分尊重他们的学术兴趣，鼓励他们选择自己喜欢的、能做好的题目，并且倾尽我的全力给予他们全方位的指导。其中，比较多的是选择应用伦理学的题目，比如赵华《现代企业伦理建构》、池忠军《官僚制的伦理困境及其重构》、李勇《法律的道德审视》、李克海《当代政党执政道德研究》、王其和《大科学时代科技主体责任伦理研究》、安克娴《媒体道德责任研究》等；也有的从事传统伦理思想的研究，比如郭良婧《孙中山心性文明研究》、敖永胜《中国传统慈伦理思想研究》、鲁从阳《伦理学视域中理想人格研究》、姜普敢《王阳明心学思想及其实践性研究》等。通过几年的博士研究生涯，他们基本都形成了严谨的学术思维，不少人还成为颇具影响的优秀学者。比如赵华、郭良婧留在南京大学哲学系任教，现在已经成长为本学科的后起之秀；吴翠丽现任南京大学马克思主义学院副院长，承担许多重要事务；池忠军现任中国矿业大学马克思主义学院院长，在学界有不小的影响力；李克海现任群众杂志社副总编辑，在宣传思想工作中颇有建树；还有几位在企业工作，搏击商海，也取得了不小的成绩。

除了我教过课的学生，更多的是我服务过、管理过的学生，因为我从留校开始，就开始兼顾学生工作，后来又走上系里和学校的管理岗位，接触学生的面就更广了。

四、跟着实践拓展新的研究领域

韩玉胜： 郭老师随着行政职务的变动，对伦理学在实践领域有了新的拓展，请您给我们介绍下。

郭广银：担任南京大学党委宣传部部长后，结合本职工作，我开始关注和思考高校思想政治工作和高校德育等，开展了一个新的研究方向，发表了若干研究成果。这些成果的最大特点，就是理论思考联系实际工作，以发现问题、分析问题、解决问题的问题意识，提升实践水平，提高工作成效。

在我担任宣传部部长的第二年初，时任中共中央总书记江泽民同志亲临南京大学视察，我有幸作为南京大学师生代表参加接见。当时正处寒冬时节，恰好是在春节前夕，很多学生已经放假回家了。那天，江泽民同志还给师生代表讲话，他说："看到朝气蓬勃的同学们，心情非常高兴。革命事业的接力棒，要一代一代地传下去，就像江河奔流不息一样，一浪推一浪，不断向前进。"他还表达了对年轻人充分信任的态度，这种信任是发自内心的。视察结束后，我认真学习理解江泽民同志的这番讲话，思考如何结合自身的岗位职责，更好地开展高校思想政治工作，在引导青年树立正确的价值观上做些事情，培养更多合格的建设者和接班人。

我们注意到，上世纪 90 年代初，大学生面对市场经济浪潮的冲击，在人生坐标、价值观念上产生了迷茫和动摇。在当时，不少同学厌学、打工、经商，拜金主义似乎成为"时尚"，大学生中较为普遍地存在着功利主义现象。对此，各级党组织其实已经意识到了，但却一直没有找到恰当的引导教育突破口。1993 年 4 月，我们在前面提到的"柯望"来信，就提供了开展学生思想政治工作的难得契机。经过校党委认真研究，我们通过在全校范围内开展争鸣和讨论，旗帜鲜明地倡导正确的信念和价值取向，反对拜金主义、享乐主义和极端个人主义。这场活动，我们定名为"重塑理想"大讨论。所谓"重塑理想"，就是要探讨和建构新时期尤其是市场经济条件下正确的、符合时代要求的理想和价值观念。

韩玉胜：前面提到郭老师关于"理想"之思的时候，也讲到理想问题的讨论，这是当时一个非常重要的实践讨论，这个讨论在当时有哪些影响？

郭广银：从实际效果看，这场大讨论还是非常成功的，不仅在全国范围内产生很大反响，而且激起了青年人的共鸣，解开了他们的思想纠结。正是通过充分讨论，青年学生对自身的弱点和误区有了清醒的认识，他们认为“时代需要心理成熟的大学生”，一些原先持理想虚无论的同学放弃了自己的论点，赞成脚踏实地、奋力实干意义上的理想。大家都达成了这样一个共识：珍惜大学时光，胸怀远大志向，全面充实自己。

总结这件事，给我最大的启发是：引导大学生说出内心的困惑和迷惘，让同学们在讨论、争论中去伪存真，就是一种思想政治工作的新思路。换句话说，要更加重视提升学生自我教育的能力，通过自我认识、自我反思、自我评价、自我完善等方法，调动受教育者的主体性和能动性。后来，我专门写了一篇文章《“重塑理想”讨论的回顾与思考》，总结这些认识，并以“南京大学党委宣传部”署名发在《德育天地》的 1993 年试刊号上。后来，这篇文章还获得江苏省高校思想政治教育研究会一等奖。经过这场“重塑理想”讨论，加之自身工作需要，我对高校思想政治工作研究这个领域产生了较为浓厚的兴趣，开始撰写一系列理论文章。比如，《关于新形势下切实加强和改进高校思想政治工作的几点思考》一文发表在《大学德育理论与实践》一书中，南京大学出版社 1993 年 6 月正式出版；1993 年 7 月，我还主持编写《这里的事业正兴旺：党建和思想政治工作先进高等事迹汇编》一书，由南京大学出版社出版。

韩玉胜：郭老师在南京大学承担行政管理工作期间，结合工作实践有过很多关于伦理学的思考，您是如何在当时开展高校德育研究的？

郭广银：1993 年 5 月，我担任南京大学党委常委；1994 年 10 月，担任南京大学党委副书记；2003 年 11 月，又任南京大学党委常务副书记。工作岗位的变化，要求我承担更为繁重的任务，并且分管和关注更多的工作领域。由于我本身是伦理学专业教师，最初尝试把党委工作和理论研究进行一些对接，锁定高校德育研究这一方向，并在《思想教育研究》《高校理论战线》《江苏高教》等刊物上发表了系列文章。我的基本观点是，要毫不动摇地坚持党所确定的德育方向，实现其德育目的，就必须创建一套完备的、具有中国特色的高校德育体系。但在当时，有两个事实不容忽视：一是进入 80 年代以来，高校德育工作曾一度受到削弱，形成我国改革发展进程的“最大的失误”；二是高校德育工作者深切地体会到新时期德育工作面临着前所未有的挑战和困难，感受到德育目标和德育效果之间的巨大反差，因而对从事这项工作缺乏足够的自信心和自豪感。鉴于这样的情况，我提出要建立完备的高校德育体系，必须解决好四个方面的问题：就德育的机制而言，要解决好智育和德育的关系问题；就德育的内容而言，要解决好爱国主义教育和集体主义、社会主义教育之间的关系；就德育的方法而言，要解决好新途径和老传统之间的关系；就德育的效果而言，要解决受教育者适应环境和改造环境的关系。由于高校德育工作是一项系统工程，我尝试从系统论角度进行分析，提出要确立高校德育工作的系统观，把德育放在高校这个整体系统中去考察、放在人才培养的需求和规律中去考察、放在高校和社会环境的双向作用中去考察，并把握德育内容的广泛性、多层次性、主客体相对性等。

随着认识的深化，我注意到校园文明建设是对德育主渠道的有效的补充，是实实在在的德育。良好的学习、生活和校园环境，健康向上的风气是一种无形而深刻的以文化人的力量。1995 年，我在《思想政治研究》上发表《理顺校园文明建设的几个关系》一文，提出校园文明建设要处理好硬件与软件的关系、治标与治本的关系、防范与建设的关系、教育与管理的关系。从 1995 年 9 月开始，我国高等学校实行双休日制度，我曾专门围绕这个问题撰写文章，讨论如何做好高校学生的双休日工作，在当时产生了一定影响。

随着分管工作的不断增加，我对高校的党的建设、文化建设以及高等教育等，有了更为深入的研究思考。2001 年，江泽民同志在庆祝中国共产党成立 80 周年大会上的讲话系统阐述了“三个代表”重要思想的科学内涵。我在《南京大学学报》上发表文章认为，高校党组织应在贯彻“三个代表”要求的实践中加强和改进自身的建设，增强高校党组织的创造力、凝聚力和战斗力，贯彻科教兴国战略，充分发挥教育在经济建设和社会进步中的基础性作用，为发展先进生产力、繁荣先进文化做出贡献。2004年，我主持教育部哲学社会科学研究重大课题委托研究项目“新时期高校校园文化建设的理论与实践”。经过课题组的共同努力，最终出版《新时期高校校园文化建设的理论与实践》一书，该书全面系统梳理我国高校校园文化建设的历史经验，总结分析新时期高校校园文化建设的成就、问题与原因等，形成系统化的高校校园文化建设的思路措施。1998年5月4日，江泽民同志向全世界宣布：“为了实现现代化，我国要有若干所具有世界先进水平的一流大学。”围绕如何向一流大学目标迈进这个问题，我撰文认为要深刻把握当今科学技术迅猛发展的新特点重视学科建设，积极服务国家建设和社会进步，注重培养具有创新性的人才，并发表在《求是》杂志上。这些成果，都是在南京大学党委工作期间的实践思考，虽然不是严格意义上的学术论文，但却是理论与实践相结合的思考。

五、迈向“大伦理观”的新征途

韩玉胜：我感觉郭老师在马克思主义伦理学研究格局上逐渐提升，并首创性地提出了“大伦理观”这一概念，请您谈一下这个“大伦理观”的意义。

郭广银：应该说，从调离南京大学至今，我对伦理学研究的兴趣并没有减淡，一直坚持写作发表相关基础理论方面的文章。比如，对社会主义核心价值观的研究，我不仅从践行核心价值体系推进高水平大学建设、当代中国人民的核心价值追求等方面撰写了多篇理论文章，而且聚焦“爱国”这个核心价值，组织编写了《社会主义核心价值观·爱国篇》一书，对爱国的文化起源、价值原理以及爱国价值观的践行培养方向进行细致梳理分析。然而，从2011年开始，特别是党的十八大以来，我更倾向于关注伦理学研究中的宏观叙述，尝试从更高的站位、更宽的视野去审视伦理道德问题，推动伦理学研究突破传统研究框架，进而步入新的境界。

这样的研究，姑且可以用“大伦理观”来指代。“大伦理观”之“大”，就在于更大的研究格局、更大的研究视域，跳出伦理学分析观察伦理问题，超越狭隘的伦理道德命题和学术概念之争，进入深层次的伦理关怀层面，探索道德发展的基础支撑和根本动力。这样的转型拓展，既契合我个人的志趣，也具有较强的普遍价值。所以，这种“大伦理观”是一种更高站位、更大格局、更广视域的伦理学研究方法，也可以说是一种更“大”的伦理学研究范式。

韩玉胜：郭老师能结合您的具体学术作品来谈下您提出的“大伦理观”的发展逻辑吗？

郭广银：《十八大报告的伦理意蕴》一文，是这种“大伦理观”视角的最初尝试。作为十八大代表，我在现场听报告时，切实感受到一种伦理道德力量，一下子激活了浸润于心的伦理情愫。根据我的统计，全场 38 次掌声出现在伦理道德的话语上，每当道德的力量充分展示的时候，掌声就响起来。可以说，在人民渴求伦理道德发挥更大作用的时候，十八大报告呈现了丰富的伦理意蕴和切实的伦理关怀。这种资源，难道不值得我们深入开采挖掘吗？相关思考一直萦绕于心，并逐渐成熟成型。十八大结束后不久，我就动笔开始撰写文章，从四个方面展现十八大报告的伦理意蕴，并认为十八大报告是我国伦理道德发展的纲领性文件。这四个方面分别是：以人为本，人民主体的大伦理观；知行合一的社会主义核心价值观；人与自然和谐的生态文明价值观；执政党科学化建设的党德价值观。该文在《道德与文明》2013 年第 1 期发表出来后，在伦理学界产生了较大的反响。从我个人角度来说，只是深有感触、有感而发、不吐不快。

2016 年 7 月，我写作完成《全面从严治党的伦理向度》一文，发表在《光明日报》上。党的十八大以来，以习近平同志为核心的党中央从坚持和发展中国特色社会主义全局出发，提出并形成了全面建成小康社会、全面深化改革、全面依法治国、全面从严治党的战略布局。2015年，我组织编写《“四个全面”研究丛书：全面从严治党篇》，对相关内容形成较为全面系统的理解认识。我越来越深地发现，全面从严治党的要求中蕴含着深厚的伦理向度和伦理价值。特别是新颁布的《中国共产党廉洁自律准则》《中国共产党纪律处分条例》等，为每一个党员和领导干部确立了立德修身、遵纪守法的规范性要求，着眼于自律与他律统一，为全面从严治党注入了深厚的伦理意涵，突出彰显了全面从严治党的道德高度与法纪底线。我在文中提出，要把握全面从严治党的伦理精神，深化全面从严治党的伦理实践，锻造全面从严治党的伦理主体，以此深化对全面从严治党的分析研究。此外，我还围绕思想建党与制度治党等问题发表了系列文章，从多个维度全面阐释这一重要观点。

韩玉胜：十八大以后，郭老师很多课题和文章都聚焦在对“坚持人民主体地位”的研究，我检索了一下，您这方面的研究在学术界是相当早的，目前很多研究都要追溯到您的前期研究。

郭广银：坚持“以人民为中心”，是习近平新时代中国特色社会主义思想的重要原则与基本方略。从伦理学视角看，这一重要思想鲜明地彰显了“人民为大”的至善伦理，是一种“大”伦理观。鉴于此，我和东南大学孙会娟老师一起撰写《以人民为中心的大伦理观及其意义》一文，发表在《道德与文明》2018年第3期。该文认为，以人民为中心的大伦理观在内涵上全面覆盖了经济-民生、政治-行政、文化-文艺、生态-环境等伦理诸领域，从根本上决定着社会主义道德体系的各方面，在实践上则为新时代中国特色社会主义伦理道德建设提供了根本的指引。

当然，由于“以人民为中心”是一个极具理论意义和现实价值的研究命题，近年来我在《人民日报》《光明日报》《红旗文稿》《学习时报》等报刊上发表了系列文章，对其内涵、价值、意义、路径等问题做了全面系统的研究，有的文章产生了很大反响。我认为，坚持以人民为中心是中国共产党领导中国革命、建设和改革发展的历史经验的总结，是对新时代坚持和发展中国特色社会主义根本目的、根本动力、根本方法、根本价值的深刻探索。这一重要思想不仅限于经济发展领域，也涉及政治、社会、文化、生态、党建、军队、外交等各个方面，是中国特色社会主义事业全部实践的中心内容、整体要求。为了澄清一些模糊认识，我提出要正确处理“三对关系”，即以人民为中心和社会主要矛盾变化的关系；以人民为中心和以经济建设为中心、以提高发展质量和效益为中心的关系；以人民为中心和坚持党的领导的关系。这一观点被多家媒体转载，产生广泛影响。围绕与此相关的“共享发展”理念，我也同样花了大量时间进行研究，发表了多篇文章。

韩玉胜：最后，请郭老师给我们谈下您接下来的伦理学研究计划，并大体总结一下您的伦理学学术生涯。

郭广银：回看我这些年的研究，实际上有一条一以贯之的研究主线，那就是一直坚持马克思主义伦理学的研究，始终坚持以马克思主义为指导开展伦理学研究，这是我 40 多年来学术研究一直坚持的信念，这种信念至今仍在延续着。我现在的研究仍然尝试在伦理学领域继续耕耘和拓展，继续在“大伦理观”研究基础上开拓新的研究视域，并将这些研究与服务国家重大战略、为政府积极建言献策紧密结合起来。近年来，我的研究逐渐向习近平新时代中国特色社会主义思想聚焦，组织开展全方位、系列性的理论和宣传研究。习近平新时代中国特色社会主义思想擘画了新时代中国特色社会主义发展战略与宏伟蓝图，是中国特色社会主义理论体系的重要组成部分，是马克思主义中国化最新成果，是引领新时代中国特色社会主义发展和中华民族复兴伟业的思想旗帜与行动指南，必须长期坚持并不断发展。进入新时代，宣传阐释好新思想，推动党的创新理论“飞入寻常百姓家”，是我们作为理论工作者应当肩负起的时代责任。为此，我于 2015 年 11 月在东南大学领衔成立中国特色社会主义发展研究院，并任院长。作为江苏省首批重点打造的 9 个高端智库之一，研究院为党的思想理论建设和政府决策及时提供理论参考、战略谋划与对策建议，担负起高端思想库和智囊团的使命。2014 年 9 月至今，我还受聘为江苏省中国特色社会主义理论体系研究中心主任，组织开展全省层面的中国特色社会主义理论体系研究，特别是聚焦习近平新时代中国特色社会主义思想，推出更多有深度、有温度的精品文章。

不忘初心，方得始终。习近平总书记深刻指出："为中国人民谋幸福，为中华民族谋复兴，是中国共产党人的初心和使命，是激励一代代中国共产党人前赴后继、英勇奋斗的根本动力。"这段时间，我围绕我们党的初心和使命，写作完成多篇文章，对初心的力量、使命的感召有了更深刻的体悟。"无论走多远，都不能忘记为什么出发"这句话，对我的学术研究历程而言，同样是适用的。从留校任教到从事管理工作，从伦理学探索到新思想阐释，我始终坚持真正把做人、做事、做学问统一起来，努力做对国家、对民族、对人民有贡献的学问。这，就是我求学问道的初心，就是我矢志不渝的伦理关怀……

韩玉胜：再次感谢郭老师接受我们的访谈。

Unswerving Research on Marxist Ethics—Interview with Professor Guo Guangyin of Nanjing University

Abstract: This interview is about Professor Guo Guangyin of Nanjing University. Mrs. Guo shared experiences, feelings and achievements on her researches in the four decades. The interview mainly includes five parts: 1. Unswervingly follow the study of Marxist Ethics; 2. The thinking of "ideal" on the academic careers; 3. The development of discipline and the joy of educating people; 4. Following practices and move into new realms of study; 5. A new journey towards the "Grand Ethics". From teaching in school to engaging in management position, from exploration in ethics to interpretation of new ideas, Mrs. Guo always insists on the real consistency of quality, action and research. And she makes great efforts to do researches that contributes to the country, the nation, and the people. This is the original mind of Mrs. Guo's learning, and it is her unswerving ethical care.

Keywords: Marxist Ethics; Principle Ethics; Grand Ethics

述　史

《共产党宣言》的伦理思想*

余达淮**

摘　要：《共产党宣言》是马克思主义历史唯物主义的光辉著作。在《共产党宣言》中，马克思恩格斯给予无产阶级诚挚的道德热情，论证了资产阶级的灭亡和无产阶级的胜利的两个不可避免。在马克思恩格斯的唯物史观指导下，《共产党宣言》论证了资本的"恶"与"善"，论证了无产阶级的道德解放、共产党人的利益和共产主义的道德前景，表明马克思主义伦理学依然可以基于事实来做价值判断。当前，当我们谈论新时代中国特色社会主义事业的担当力量或者说新时代中国特色社会主义事业的道德主体担当力量时，依然只有一个答案，即中国无产者。

关键词：《共产党宣言》　历史唯物主义　道德热情　道德解放

马克思恩格斯发表《共产党宣言》已经170多年了，它是19世纪诞生而且没有脱离其诞生土壤的事物的真实的原始的力量。《共产党宣言》来源于19世纪中叶欧洲的工人运动，给无产阶级提供了认识世界的唯物史观，揭示了人类发展的历史规律和无产阶级社会解放的基本路径。《共产党宣言》在历史唯物主义的基础上，也对无产阶级的道德解放和

---

* 本文为江苏省2015年哲学社会科学重大项目（项目编号：15ZD001）的阶段性研究成果。

** 余达淮，河海大学马克思主义学院教授、博士生导师。

共产主义道德提出了设想。

一、《共产党宣言》的唯物史观与对无产阶级的道德热情

马克思早在写作《1844年经济学哲学手稿》时，就阐明了他对无产阶级的道德立场："他在自己的劳动中不是肯定自己，而是否定自己，不是感到幸福，而是感到不幸，不是自由地发挥自己的体力和智力，而是使自己的肉体受折磨、精神遭摧残。因此，工人只有在劳动之外才感到自在，而在劳动中则感到不自在，他在不劳动时觉得舒畅，而在劳动时就觉得不舒畅。"① 马克思对无产阶级的阶级地位给予了道德同情，对工人所处的"劳动"进行了道德批判，这种"折磨人""摧残人"的异化劳动来源于工人阶级不能自己掌握从事劳动的生产资料，工人与自己的劳动以及劳动产品相对立，这就直接导出了这种异化劳动的根源在于私有制；因此，马克思恩格斯在《共产党宣言》中说："共产党人可以把自己的理论概括为一句话：消灭私有制。"②这里，马克思恩格斯由分析私有制和异化劳动的关系而直接提出了共产党的主张，这既是一种科学分析得出的结论，又是一种基于对无产阶级受剥削的命运的同情和对资产阶级奴役他人劳动而坐享其成的道德愤慨而提出的主张，基于马克思恩格斯认为资本主义是一种不人道的剥削制度而且这种制度应该被共产党人发动工人成为阶级并谋求阶级利益用暴力推翻资产阶级而消亡。然而，马克思恩格斯对无产阶级满怀厚望的道德热情并未使他们否定历史唯物主义的世界观，事实上马克思恩格斯认为道德是一种意识形态，意识形态虽然可以有反作用，从观念和形而上学出发来规定世界的法则和行为的应该，但"道德、宗教、形而上学和其他意识形态，以及与它们相适应的意识形式便不再保留独立性的外观了"③，这些意识形

---

① 马克思恩格斯文集：第1卷. 北京：人民出版社，2009：159.

② 马克思恩格斯文集：第2卷. 北京：人民出版社，2009：45.

③ 同①525.

式因为“没有历史，没有发展”[1]，根本上受制于生活本身，在“物的依赖”的社会形态之中，人与人之间的交往在人们的物质基础之上，不在人们想象的含情脉脉的关系之中；资本对社会关系的控制及所构造的“物化”时代是人们所有希望的源泉，不是意识决定生活，而是生活决定意识。1877 年，恩格斯在《英国女工状况》中曾经表达自己对受贫困而被迫卖淫的女工阶层的同情，他指出：“我们现在所谈到的这些消灭卖淫现象的努力全都是徒劳的，主要错误在于不想抓祸害的根源；而这种祸害**主要**是产生**道德问题**的**经济问题**”[2]。1883 年，在《共产党宣言》德文版序言中，恩格斯强调说：“每一历史时代的经济生产以及必然由此产生的社会结构，是该时代政治的和精神的历史的基础；因此（从原始土地公有制解体以来）全部历史都是阶级斗争的历史，即社会发展各个阶段上被剥削阶级和剥削阶级之间、被统治阶级和统治阶级之间斗争的历史；而这个斗争现在已经达到这样一个阶段，即被剥削被压迫的阶级（无产阶级），如果不同时使整个社会永远摆脱剥削、压迫和阶级斗争，就不再能使自己从剥削它压迫它的那个阶级（资产阶级）下解放出来。”[3] 恩格斯特别强调这是马克思一人的思想。在 1888 年《共产党宣言》英文版序言中，他又一次明确指出，写作《共产党宣言》的动机是唯物史观，《共产党宣言》依然是人类社会发展的实践与行动指南；社会结构来源于每个历史时代的生产方式和交往方式，生产方式和交往方式是时代的政治的精神的历史所赖以确立的基础。直至 1890 年，恩格斯在致约·布洛赫的信中还说道：“根据唯物史观，历史过程中的决定性因素**归根到底**是现实生活的生产和再生产。无论马克思或我都从来没有肯定过比这更多的东西。”[4]

西方马克思主义一直以来有一个纠结：“马克思和马克思主义者都

① 马克思恩格斯文集：第 1 卷. 北京：人民出版社，2009：525.
② 马克思恩格斯全集：第 45 卷. 北京：人民出版社，1985：184.
③ 马克思恩格斯文集：第 2 卷. 北京：人民出版社，2009：9.
④ 马克思恩格斯文集：第 10 卷. 北京：人民出版社，2009：591.

没有为我们提供马克思主义的伦理基础。”[①] 在马克思恩格斯那里，“都是拒绝把社会主义建立在道德哲学或道德的基础之上”[②]，似乎马克思恩格斯是反对伦理学、反对道德的。我们认为这其中并没有深刻的矛盾，因为存在决定意识，但是意识具有反作用；马克思恩格斯一般情况下都反对资产阶级的意识形态，道德作为意识形态，当它不能把道德判断建立在事实的基础上的时候，它是虚假的、掩饰的、苍白无力的甚至反动的，但当道德判断建立在事实的基础之上，像恩格斯在《反杜林论》中所指出的那样，它具有进步意义；而且，道德的反作用是人们实践-认识-再实践-再认识过程中的一环，道德固然是对生活于其中的那个社会的特定生产关系的反映，道德信念就并非一定是不可论证的或者主观的。“无论如何善不是恶，恶不是善；如果把善恶混淆起来，那么一切道德都将完结，而每个人都将可以为所欲为了。”[③] 还是列宁说得好：“只有把社会关系归结于生产关系，把生产关系归结于生产力的水平，才能有可靠的根据把社会形态的发展看作自然历史过程。不言而喻，没有这种观点，也就不会有社会科学。”[④] 西方马克思主义虽然承认历史现象的规律性，但这些历史现象出自人们的思想或意识的能力，并非出自人们的物质生产关系决定的社会关系的能力；换句话说，在一些西方马克思主义者那里，伦理思想和社会现实本末倒置，人们依靠意识建立了凌驾于社会关系之上的伦理基础。

二、基于唯物史观，马克思恩格斯指出资本的道德二重性

马克思恩格斯认为，资产阶级在历史上曾经起过非常革命的作用。资产阶级是资本的拥有者，资本家是资本的“人格化”。对于资本道德，马克思恩格斯首先从它的“交换价值”论证了资本趋利性的卑鄙的一

① 凯·尼尔森. 马克思主义与道德观念. 李义天，译. 北京：人民出版社，2014：39.
② 同①36.
③ 马克思恩格斯文集：第 9 卷. 北京：人民出版社，2009：98.
④ 列宁全集：第 1 卷. 2 版. 北京：人民出版社，1984：110.

面，“它使人和人之间除了赤裸裸的利害关系，除了冷酷无情的‘现金交易’，就再也没有任何别的联系了”①。资本开拓疆土，寻觅市场，市场成了束缚生产的桎梏。它在价值上将人的尊严、神圣性和宁静安详逐渐粉碎。它用所谓贸易自由取代自食其力的自由，劳动依附于资本，也就没有了昔日的神圣与热情，资本对全部社会关系重新进行改造、革命，所谓“正义”的剥削代替了由宗教幻想和政治幻想掩盖着的剥削。“生产的不断变革，一切社会状况不停的动荡，永远的不安定和变动，这就是资产阶级时代不同于过去一切时代的地方。一切固定的僵化的关系以及与之相适应的素被尊崇的观念和见解都被消除了，一切新形成的关系等不到固定下来就陈旧了。一切等级的和固定的东西都烟消云散了，一切神圣的东西都被亵渎了。人们终于不得不用冷静的眼光来看他们的生活地位、他们的相互关系。”② 接着，马克思恩格斯论述了资本的另一面，即资本文明、造福于人类的一面，资产阶级从一登上历史舞台，迅速改进一切生产工具，开荒焚野，建立便利迅捷的交通工具和场所，丢弃野蛮，像模像样地文明礼貌起来。资产阶级利用商品的低廉价格，在统一的社会化大工厂里游刃有余地调遣人力物力，采用资产阶级的生产方式，推行所谓文明。这是资本创造出文明的特征。资产阶级改变封建社会的乡村结构，建立城市，驱赶农民来到起初令他们惶恐陌生的大城市；城市人口迅速增加，促使成为居民的农民脱离了农村生活的愚昧状态。这是资本改变愚昧的特征。资产阶级迅速发展生产力，“资产阶级在它的不到一百年的阶级统治中所创造的生产力，比过去一切世代创造的全部生产力还要多，还要大。自然力的征服，机器的采用，化学在工业和农业中的应用，轮船的行驶，铁路的通行，电报的使用，整个整个大陆的开垦，河川的通航，仿佛用法术从地下呼唤出来的大量人口——过去哪一个世纪料想到在社会劳动里蕴藏有这样的生产力呢？”③ 这是资本创造出生产力，积累社会财富的特征。正因为马克思恩格斯是

---

① 马克思恩格斯文集：第 2 卷. 北京：人民出版社，2009：34.

② 同①34-35.

③ 同①36.

唯物主义者，资本本身在资本主义生产方式占据主导地位时表现出来的矛盾的二重性，带给他们几多欢喜几多愁，从历史唯物主义的观点出发，他们得出结论："随着大工业的发展，资产阶级赖以生产和占有产品的基础本身也就从它的脚下被挖掉了。它首先生产的是它自身的掘墓人。资产阶级的灭亡和无产阶级的胜利是同样不可避免的。"① 换句话说，资产阶级利用资本的协调原则必然在"市场的局限性中显露出来"②。资本表现的"恶"最终超出资本表现的"善"，从而带给无产阶级困扰和反抗。换言之，在社会主义利用资本消灭资本的现实运动中，如何观察资本结构及其运动，制定道德秩序和价值导引，使资本为我所用，在人的全面发展的道路上充当助推剂，是中国特色社会主义理论与实践的一个重大课题。

三、《共产党宣言》对无产阶级道德解放的描述

无产阶级的道德解放首先是从"消灭构成个人的一切自由、活动和独立的基础的财产"③ 中获得的。无产阶级什么都没有，它的阶级利益就是面对日益发达而沾沾自喜的资产阶级社会，摧毁其同样发达的剥削人奴役人的制度，摧毁旧的国家机器，摧毁私有财产，以保护无产阶级的利益。社会主义或者共产主义是一种丰裕社会，丰裕是无产阶级在摧毁旧机器的同时，获得自身道德解放的物质前提。

其次，法律、道德、宗教，不仅表现资产阶级偏见，而且隐藏在这些偏见后面的全都是触目惊心的资产阶级利益。无产阶级要想成为社会的主导阶级，应当获得教育的解放。马克思恩格斯说："而你们的教育不也是由社会决定的吗？不也是由你们进行教育时所处的那种社会关系决定的吗？不也是由社会通过学校等等进行的直接的或间接

---

① 马克思恩格斯文集：第2卷．北京：人民出版社，2009：43.

② 科斯洛夫斯基．资本主义的伦理学．王彤，译．北京：中国社会科学出版社，1996：56.

③ 同①45.

的干涉决定的吗？共产党人并没有发明社会对教育的作用；他们仅仅是要改变这种作用的性质，要使教育摆脱统治阶级的影响。”① 无产阶级不需要那种把人变成机器的教育，无产阶级通过社会实践获得新的认识。在统治阶级看来，一方面，政治的、宗教的、道德的、哲学的、法的观念在历史发展的进程中不断改变且作为特殊意识形态在这种改变中始终保存着；另一方面，有一种永恒的意识形态，即自由、博爱、正义等等，作为永恒真理而存在于社会之中。但是，“共产主义要废除永恒真理，它要废除宗教、道德，而不是加以革新，所以共产主义是同至今的全部历史发展相矛盾的”②。

再次，无产阶级应当获得家庭解放。“我们的资产者装得道貌岸然，对所谓的共产党人的正式公妻制表示惊讶，那是再可笑不过了。公妻制无需共产党人来实行，它差不多是一向就有的。”③ 无产阶级的家庭绝非是所谓“公妻制”的资产阶级货色，早在《1844 年经济学哲学手稿》里，马克思就指出，消灭婚姻实行共妻制是粗陋的共产主义。这说明，马克思是反对消灭婚姻、反对共妻的。资产阶级的婚姻及伦理状况是这样的：其一，资产阶级实际上是一种隐蔽的公妻制，不仅以互相诱奸妻子为最大的享乐，而且以无产者的妻子和女儿受他们支配为满足。其二，处处潜藏着卖淫与嫖娼。在资产阶级华丽的婚礼与仪式之外，正式的和非正式的卖淫，已经使资产阶级腐朽得体无完肤了。资产阶级一直把作为女性的“妻子”看作生产工具，当共产党人要把生产工具公有之际，人们自然就会想到妻子也要公有。这就陷入歧途，把共产党人的主张理解错了。共产党人正是要使妇女不再处于生产工具的地位，其实，马克思恩格斯所代表的共产党人的主张不是资产阶级想的那样，实行所谓共妻制。共产党人说的无产阶级的家庭解放，是将建立在资本上的家庭消灭，是婚姻和爱情一并解放的充满同志和战斗友谊的解放。

最后，无产阶级应当组成“联合体”，在那里，“每个人的自由发

① 马克思恩格斯文集：第 2 卷. 北京：人民出版社，2009：49.

② 同①51.

③ 同①49－50.

展是一切人的自由发展的条件”①。无产阶级组织成一种新社会，在那里，“可能随自己的兴趣今天干这事，明天干那事，上午打猎，下午捕鱼，傍晚从事畜牧，晚饭后从事批判”②，充分实现人的自由全面发展这一伟大目标。自由人联合体、共产主义、自由发展、自由时间等，是马克思恩格斯设想的新社会的道德范畴，在这样的新社会当中，阶级差别消失，全部生产集中在联合起来的个人的手里，物质丰裕，人们的思想境界高贵且高尚，相互只有爱护、帮助，利己主义没有市场，劳动成为自由的选择和愉悦人心的事情，人与人之间、人与社会之间、人与天空大地之间，进入欢快、健康、创造、美好、生态、文明的和谐境界。那时，“让别人的生活由于你的存在而更美好”，“让别人的自由因为你的存在而更自由”将会成为共产主义时代每个人的生活信条，成为社会现实的亮丽的风景线。

四、《共产党宣言》中“共产党人的利益问题”

马克思恩格斯在《共产党宣言》提到，把资本变为公共的、属于社会全体成员的财产，并不是把个人财产变为社会财产。“这里所改变的只是财产的社会性质。它将失去失掉它的阶级性质。”③ 无产阶级在现实斗争中得到锻炼，提高了道德素质，尤其是无产阶级的先锋队——共产党，同整个无产阶级的利益是根本相同的。共产党作为工人阶级利益的代表，统领和代表工人阶级的利益，没有自己特殊的利益。在市场经济体制中，市场主体对于资本的配置、运用是正当的，以追求利益为目的；但是，不管这种追求利益的“利己心”是主观为己、客观为人的，还是根本上就是人不为己、天诛地灭的，它都应当受到一定的限制，否则就会损害其他市场主体或者利益相关者的利益。共产党人作为实现复

① 马克思恩格斯文集：第2卷. 北京：人民出版社，2009：53.
② 马克思恩格斯文集：第1卷. 北京：人民出版社，2009：537.
③ 同①46.

兴民族梦想的核心力量，必须高瞻远瞩，谨防腐败，大公无私；如果共产党人不能排除诱惑和各种需求，占有自己的特殊利益，就不能公正地维护市场各方的正当利益，难以制定公平竞争的各种规定，就有可能偏向某些个人和利益集团。《共产党宣言》中共产党人的利益观对新时代中国特色社会主义事业仍然具有重大的理论价值和实践价值。坚信唯物史观，就是拨开云雾，坚持生产力决定生产关系的基本思想，在这一思想之下探求人们对于物质利益的向往与追求，调整各种利益关系。共产党人的个人利益只有在用暴力推翻全部现存的社会制度时才能达到，全部道德用以服务于人民的伟大事业和利益当中。进言之，当我们今天谈共产党人的初心是为人民谋利益，历史使命是实现中华民族伟大复兴时，是为了在实现全面小康、建设中国特色社会主义事业中，要有一颗“公正的心”，代表最广大人民群众的利益，恪守无产阶级宽广宏大的共产主义道德。

五、从《共产党宣言》到新时代中国特色社会主义事业的阶级担当力量

《共产党宣言》是无产阶级的《圣经》，无产阶级将是新社会的主人。然而，要实现共产主义却是一个艰辛而漫长的历史过程。我们必须认清自己的使命，分析并洞察资本主义各种新变化、新现象的本质。我们应该看到，资产阶级和无产阶级的斗争从来就没有停息过，只是在新的历史时期，表现为新的形态而已。在十九大报告中，习近平提出中国特色社会主义进入新时代，这表明中华民族迎来了从站起来、富起来到强起来的伟大飞跃。习近平新时代中国特色社会主义思想的最大变化在于提出了当前国家主要矛盾的变化，即“人民日益增长的美好生活需要和不平衡不充分的发展之间的矛盾”①；但是这一基于生产力与生产关

① 习近平．决胜全面建成小康社会 夺取新时代中国特色社会主义伟大胜利．北京：人民出版社，2017：11.

系矛盾的新说法没有改变我们对我国社会主义仍处于初级阶段，国际地位仍是世界最大的发展中国家的判断。

建设新时代中国特色社会主义就是一个不断化解社会矛盾、正确理解和处理共产主义远大理想和中国特色社会主义共同理想之间的逻辑关系的持续过程。我们要坚定信心，发展才是硬道理，不被当前纷繁复杂的世界形势以及资本主义的表面繁荣强大所迷惑。虽然我国目前依然处于社会主义初级阶段，但我们已经发现，经过40多年的改革开放，社会财富和社会积累在增长，国家软件和硬件在变化，高铁成为全世界翘首瞩目的事物，计算机、航空、通信等方面领先于世界，发展更高层次的开放型经济、美丽乡村、生态中国已经进入中国人的视野。无论处于何种环境下，人民当家作主；我们在充满自信地构筑中国精神，着手现在，憧憬未来。

新时代中国特色社会主义不仅是马克思主义的创新，也是社会主义历经500年艰难曲折发展变化的新高潮。其一，中国特色社会主义在全球化背景之下开创了社会主义市场经济，社会主义也可以运用资本、市场为人民办事谋利；中国经济、文化和国防等国力大幅度上升，在经历苏东剧变、社会主义进入第二次低潮之后迅速聚积力量，发展壮大起来。其二，中国社会生产力发展神速，2017年全年国内生产总值827 122亿元，已位列世界第二，尤其科技生产力发展迅速，目前在量子卫星技术、手机通讯等方面世界领先，充分显示了社会主义国家发动人民参与、集中精力办大事的优越性。其三，中国特色社会主义体现道路自信、理论自信、制度自信、文化自信，其中的文化自信表明马克思主义在中国获得广泛的社会基础，我们正走向和谐美丽的社会主义现代化强国。其四，这是离我们实现中国梦最近的时代，中国特色社会主义，对于谋划实现“两个一百年”，最终实现“每个人的自由发展是一切人自由发展的条件”的共产主义，已经显示出强大的生命力与创造力。社会主义的人民物质丰裕、当家作主、共享发展。

我们要在新时代中国特色社会主义的实践和创新中发展《共产党宣言》的思想遗产。如果说资本主义社会体现的是以资本为主体的运行逻辑，那么，社会主义就是以人民为主体、以人的自由全面发展为特征的实践运动。当我们谈论社会主义的担当力量或者说社会主义的道德主体担当力量时，应该属于意识形态对于社会主义新时代变化的积极的反作用或相对独立性。在理论上，以马克思列宁主义以及马克思主义中国化的优秀理论成果为“理论担当”，则凸显了在新时代发展马克思主义的时代任务。在实践中，以中国共产党作为新时代中国特色社会主义思想的“领导担当”，在社会实践中直接承接并发展相关理论，也就是充分行使其“先锋队”的历史角色。而人民群众则是新时代中国特色社会主义思想的“主体担当”与“实践担当”，是新时代中国特色社会主义思想实践的基础，是实现共产主义人的自由全面发展的主流；这一道德主体是充分认识与尊重人民群众在社会历史发展中的巨大“推动力”的载体。

Ethical Thought of *the Communist Manifesto*

Abstract: The Communist Manifesto is a brilliant work of Marx's historical materialism. In *the Communist Manifesto*, Marx and Engels gave the proletariat sincere moral enthusiasm and demonstrated that the destruction of the bourgeoisie and the victory of the proletariat were inevitable. Under Marx and Engels' historical materialism, *the Communist Manifesto* demonstrates the "evil" and "good" of capital, the moral liberation of the proletariat, the interests of the Communists and the moral prospect of communism. It shows that Marxist ethics can still make value judgment based on facts. At present, when we talk about the bearing power of Socialism with Chinese Characteristics for a New Era or the moral subject of socialism with characteristics in the new era, there is still only one answer, that is the Chinese proletariat.

Keywords: *The Communist Manifesto*; Historical Materialism; Moral Enthusiasm; Moral Liberation

从启蒙理性批判到否定的辩证法

——关于阿多诺道德哲学的思想史考察

晏扩明*

摘　要：阿多诺的道德哲学总是带给人以“星丛式”和“无调式”的印象，他探究道德哲学的角度和方式深受其所身处的历史背景之影响。在阿多诺的道德哲学中，既可以看到二战以前西方马克思主义者对于总体性哲学和希望哲学的追索，也可以看到奥斯威辛以后西方马克思主义的伦理学家对于传统道德哲学合法性的反思和焦虑。即便是在法兰克福学派内部，也很难再找到一位像阿多诺一样将批判理论的否定性因素贯彻得如此彻底的人物。梳理和澄清阿多诺的道德哲学及其相关问题，对探究二战以来西方马克思主义伦理思想内核有着不可忽视的重要作用。

关键词：阿多诺　道德哲学　否定性　西方马克思主义　伦理学

作为法兰克福学派第一代开创者之一，阿多诺的批判理论享有盛誉。他的哲学以晦涩难懂、博大精深而闻名，其著作的译者塞缪尔·韦伯在翻译了《多棱镜》之后，以“迻译不可译之作”来表达对阿多诺写作语言之艰深程度的感叹。然而，越是如此，阿多诺的哲学思想反而越发地吸引更多的学者和思想家前来加入探讨和争鸣。就对道德哲学的阐发而言，相较于霍克海默，阿多诺更能够完整地代表法兰克福学派早期

* 晏扩明，清华大学高校德育研究中心助理研究员，哲学博士。

的、具有马克思主义思想内核的伦理学样貌；同时，不同于马尔库塞和弗洛姆等人基于人道主义的阐释路径，阿多诺更多的是以辩证法的传统来展开对于现实中道德哲学的批判性审问。可以说，阿多诺对于道德的反思，不仅仅是对道德适当性的外部审查，而且还是基于道德本身的自我理解。无论是在《最低限度的道德》中那些若隐若现的道德隐喻，还是在《道德哲学问题》中对于以康德为代表的传统道德哲学的质疑，阿多诺道德哲学的目的都并非是要拒斥和消解道德，而是在否定性的批判过程中冷静地分析和重塑，并进而确立出道德的真正限度。道德哲学作为阿多诺批判性理论的重要组成部分，是理解和切入阿多诺整个哲学思想的“最佳入口”，同时也构成了战后西方马克思主义伦理思想发展进程中的重要一环。

一、道德哲学的再启蒙

关于启蒙的反思和批判，构成阿多诺全部哲学的起点，同样也是阿多诺道德哲学的起点。

所谓启蒙，就是人类脱离自己加之于自己的不成熟状态，这种不成熟状态是指未经他人引导便失去自身运用知性的能力。这一康德式的对于“何为启蒙”的著名论述可谓家喻户晓。然而，这个看似促使人类摆脱自身不成熟状态的启蒙理性，却成为阿多诺与霍克海默在《启蒙辩证法》中进行道德哲学批判的标靶。

在阿多诺看来，启蒙道德不仅没有完成人性道德的自我确立，反而走向了启蒙的反面，“倒退成神话”。虽然以康德为代表的启蒙道德希望通过启蒙使人们能够自由地使用自己的理性，并且康德必然不会接受其道德学说走向道德的反面，然而，“启蒙理性就像难以确知的苍穹一样，难以找到一个标准来衡量自身的一切欲望，并把自身的欲望与其他一切欲望区别开来”①，它最终以新的类似于神学的权威的形式确立了自身

① 马克斯·霍克海默，西奥多·阿道尔诺. 启蒙辩证法. 渠敬东，曹卫东，译. 上海：上海人民出版社，2003：99-100.

的统摄体系，并且“成为既可以把握事实又可以帮助个体最有效地支配自然的知识形式”①。这种体系对外在自然的支配，一方面的确大大促进了人类社会的物质基础的发展；另一方面，其内在的统摄逻辑却也逐渐演化为资本主义社会内在的权威秩序。阿多诺指出，这种新的权威渗透到社会经济生活和交往活动的各个方面。它不但构成了当代资本主义文化和道德价值观念的核心内容，而且最终导致了法西斯式的极权主义的兴起。由于“人们总是要在臣服自然与支配自然这两者之间作出抉择”②，因此人们选择以纯粹的启蒙理性来达到摆脱对于自然的神话崇拜，彻底摆脱模糊的非理性意识，然而，内生于人类自身的恐慌却并没有因此而得到释放，因为启蒙理性所高唱的逻辑排他率最终使得“自我持存在生存还是毁灭的选择中发展到了极致状态，并不断在或真或假这两种对立观念的原则中展现出来”③。理性成为一种计算和衡量物质生产活动的工具，但是物质生产活动本身及其可能的结果却时常表现出超出人类计算能力的范围。人们徘徊和纠结于凭借理性所认知的真理与谬误之间，所谓的启蒙超越于神话以及启蒙理性对于人类实现自身自由的助益统统被人们内心中真实存在的恐惧所涤荡。人们越是将理性作为宰制世界的审判法庭，以自我持存为目的通过计算思维把持着物质世界，人们就越是发现，“任何事物，甚至人类个体，更不用说是动物，都可以转变成为可以重复和替代的过程，转变成为一种概念模式体系的单纯范例”④。于是，自然被理性精确地计算，理性本身变成了计算机器，主体精神没有表现为对于物化的否定，而是肯定。

在这样一种思考之下，阿多诺认为启蒙的道德哲学需要经历一次再启蒙的过程，启蒙理性本身也需要辩证法来重新激活，否则人的主体自由在启蒙理性的宰制之下势必成为空谈，自由只不过是由神话权威走向

① 马克斯·霍克海默，西奥多·阿道尔诺．启蒙辩证法．渠敬东，曹卫东，译．上海：上海人民出版社，2003：91-92.

② 同①29.

③ 同①27.

④ 同①92.

了理性权威，“启蒙运动的道德学说证明了这种毫无希望的追求，即在已经丧失了旨趣的情况下，用社会中的某种理性来替代业已衰败的宗教，只是无望的努力”，而“哲学家作为真正的资产者，正在与他们在理论中所大声呵斥的权力同流合污”①。

所谓的再启蒙，必须要借助于辩证法来完成。在阿多诺看来，康德的启蒙哲学建立了一整套形式理性的体系，而这种体系在方法论上是通过道德的绝对命令对善和德性进行规定，这正是最终导致启蒙理性的道德可能转化为非道德的主要原因。“在霍克海默和阿多诺看来，康德通过道德法则对善和德性的规定，可能顷刻之间变为恶和恶行。”② 因此，能够破除启蒙理性最终滑向非道德的，只有辩证法。

首先，道德哲学的再启蒙必须坚持启蒙所宣称的个人自由不受任何权威的制约，包括启蒙理性自身的制约，因此一种对于启蒙理性本身的否定性审视是必要的。其次，由于启蒙的道德哲学认为个人及其自由在本质上与社会无关，因此启蒙的道德哲学割裂了个人自由与社会实践之间的客观联系，如果需要恢复一种道德哲学的现实性，就必须正面面对道德哲学与现实社会之间的关系。虽然一种康德主义的道义论认为道德只存在于抽象的精神领域，然而，受到马克思主义的影响，阿多诺显然并不愿意在抽象的概念中来完成道德哲学的再启蒙，“坚持理论与实践的统一实际上使得阿多诺将理论的用处一方面归于实践，另一方面归于实践在智性上的空缺”③。最后，阿多诺希望道德哲学能够最终在实践中被付现，但是由于阿多诺拒绝承认任何一种概括性地谈论社会必然趋势的方法，而是要尽可能地关照日常生活的经验和细节，因此道德哲学的现实化就必须是反体系的，它将会以一种可能性的自由而开放的形式真正地、人性地得以实现。在此基础上，人性的道德生活本身必须成为目的，而不是被任何抽象逻辑所规约的僵化手段。实践本身也离不开道

① 马克斯·霍克海默，西奥多·阿道尔诺．启蒙辩证法．渠敬东，曹卫东，译．上海：上海人民出版社，2003：94.

② 谢永康．自由与罪恶——康德、萨德与启蒙辩证法．现代哲学，2019 (4)：10.

③ 罗斯·威尔逊．导读阿多诺．路程，译．重庆：重庆大学出版社，2016：124.

德观念，否则实践将会成为彻头彻尾的权力的运作。对自由人性来说，道德的实践必然也是道德哲学的实现。

正像阿多诺和霍克海默所说的那样："今天，更重要的事情是捍卫自由，传播自由，实现自由，而不是间接地促使世界走向宰制。"[①] 阿多诺关于启蒙理性的反思及其批判理论的目的是要矫正现实资本主义社会实践中的谬误，由于他自身流离颠沛的逃亡经历，他深深意识到极端的理性主义并非实现道德的正确方式。对于马克思主义者而言，现实的社会经历总是能够促进其理论的自我反思和升华，法西斯给世界带来的苦难及其表现出来的道德背反，正是由于"法西斯主义拒绝一切绝对命令，因而与纯粹理性更加一致，它把人当作物当作行为方式的集合"[②]。由此观之，法西斯和反犹主义就是当代资本主义的理性主义道德哲学误入歧途的表征，其极端的形式所显露出来的非道德性仍然隐藏在资本主义社会生活的细枝末节之中。而对于阿多诺流亡期间所身处的美国的文化工业社会而言，当一切应当具有自主性的文化产品被化约为符合客观审美标准和市场需求的消费品时，主体自身的丧失就不仅仅局限于对道德选择的丧失，更体现为对审美自由的丧失。因此，当理想的理论目标和现实的实践结果相去甚远，甚至南辕北辙时，阿多诺格外注意理论与实践相结合的辩证统一性问题，"其道德观念的意涵被赋予反思社会实践的错误性以指导个体的人对正确生活实践的价值"[③]。这也是为什么阿多诺始终认为，"在错误的生活中不存在正确的生活"[④]。

二、最低限度的道德

阿多诺在《启蒙辩证法》中揭示了启蒙道德哲学的弊病，其本质上

---

① 马克斯·霍克海默，西奥多·阿道尔诺．启蒙辩证法．渠敬东，曹卫东，译．上海：人民出版社，2003：前言2.

② 同①95.

③ 丁乃顺．阿多诺道德哲学研究．北京：中国社会科学出版社，2015：51.

④ Theodor Adorno．Minima Moralia：Reflections on a Damaged Life．trans．E．F．N．Jephcott．London，New York：Verso，2005：39.

是对启蒙的道德学说在理论上过于遵从形而上学的逻辑的批评，并试图证明这种权威化的形而上学的道德哲学往往将会在实践当中产生非道德的结果。在实践层面上，现代资本主义社会利用启蒙理性“把以往建立在习俗、宗教和巫术基础上的社会生活方式称为神话并予以抛弃，并宣扬建立在理性基础上的自由、平等和解放的价值观”①。然而事实上，资本主义社会中的“博爱主义者的高尚和社会福利机构工作人员在道德上的自我意识，更加确证了贫富分化的事实……当代的法西斯主子们把对同情的贬斥变成了对政治宽容的拒绝，变成了对军事管制的依赖”②。因此，启蒙后的道德哲学因其形而上学和权威化而具有鲜明的工具性，法西斯的极权主义正是利用了启蒙理性的这一弊端进而彻底走向其反面的典型。这是阿多诺道德哲学批判最终要指向社会批判的内在原因，也是阿多诺要在《最低限度的道德》中不断揭露出来的道德内容。

几乎是在《启蒙辩证法》写作的同时或更早的时候，阿多诺就已经开始着手写作《最低限度的道德》。这是一部格言式的著作，它有着文学性和哲学性的双重色彩，是阿多诺“星丛式”写作的典型代表。“最低限度的道德”原文为“Minima Moralia”，也可以翻译为“小道德学”或“小伦理学”，这实际上是对古希腊的道德哲学著作《大伦理学》（*Magna Moralia*）的反讽。在古典的“大伦理学”中，伦理学的核心主题是关于美德、幸福、善等一系列德性主题及其内在之间关系的探讨，并意图指导人们进行一种善的生活。然而在现代社会，阿多诺认为伦理学很难再像古典时期那样去指导人们的善生活。与古典所关心的那些宏大的伦理旨趣相比，在阿多诺看来，现实的人们更需要关注道德生活中的细节，因为“没有任何一项改善可以因其过于微小和不足挂齿而被拒绝付诸实践”③。这是阿多诺在《最低限度的道德》中对于道德实

---

① 罗斯·威尔逊．导读阿多诺．路程，译．重庆：重庆大学出版社，2016：99.

② 马克斯·霍克海默，西奥多·阿道尔诺．启蒙辩证法．渠敬东，曹卫东，译．上海：人民出版社，2003：112.

③ Theodor Adorno. Minima Moralia: Reflections on a Damaged Life. trans. E. F. N. Jephcott. London, New York: Verso, 2005: 85.

践的一个基本态度，也是阿多诺所要反思道德哲学之限度的主要出发点。

如何道德地生活，道德的最低限度又是什么？阿多诺并没有选择正面地进行回答，而是从生活的细微之处出发进行了否定性说明，他试图牵引着人们通过这种批判和否定去寻找正确的答案。由于阿多诺自身的流亡背景，这种反思格外地体现出他对现实社会之道德状况的担忧和失望。阿多诺认为，人们在公共生活中已经很难再践行古典道德哲学的导善功能。一方面，道德在普遍的公共生活中表现为一种匮乏，它只能在私人生活领域存在；另一方面，道德哲学自身被束缚在现实既有的存在状态之上，因此道德哲学不再具备反思现实存在的能力，它只能一味单纯地根据现实情况做出肯定性的回应。因此，"《最低限度的道德》的任务，不是要提供直接的正面行动的指导，而是要检视错误生活的整体语境，由此道德的可能与不可能性才能被充分探索"①。

在《最低限度的道德》中，传统道德哲学的宏观预设被阿多诺所解剖，康德式道德的宏大叙事在这里不复存在，而是代之以对社会实践之道德性的细枝末节的逐条考察。文中格言式的表述形式更贴切地彰显了阿多诺对生活中道德细节的拷问旨趣，同时也凸显了道德在个人经验中的具体表现。阿多诺在社会的道德性上从未有所退却，他以一种更加具体和细化的方式来反观社会实践和道德规范的关系，而不是像传统的形而上学家们那样固守着纯粹的理论形式。对阿多诺而言，一切既定的宏观的道德哲学所要诉诸的道德事实都是模式化和模糊化的，人的道德行为与自身关于道德标准的预设和要求是很难保持一致的。这就好像一个极端的自由主义者可以依据传统的道德哲学来设想一个无政府主义的乌托邦，以便达到其所设想的实现自由的社会条件，然而，恰恰是"在一个治愈了商品生产无政府状态的社会中，几乎没有规则来规范人们与人们之间的秩序。这样的安排将构成对自由的最不可容忍的干涉"②。

---

① 罗斯·威尔逊．导读阿多诺．路程，译．重庆：重庆大学出版社，2016：99.

② Theodor Adorno．Minima Moralia：Reflections on a Damaged Life．trans．E．F．N．Jephcott．London，New York：Verso，2005：78.

对此，阿多诺的道德主张在于，我们不能够再一味地以追求同一性的至善来掩盖现实的道德问题，也不能够满足于对人的道德精神现状的批判和担忧，更不能以模糊的表达方式来达到使人们假装理解道德的目的，即便是“模糊的表达方式使听者可以想象任何适合他的东西以及无论如何他已经想到的东西”①。那么，“最低限度的道德”应当充分考虑的是：确定道德哲学在当代仍然具有意义的恰恰是必须要正面面对道德哲学与现实之间的矛盾，同时，道德的限度而不是道德的高度，在道德哲学的现实化过程中更具实在性。此外，道德哲学不能被模糊化。因此，在阿多诺看来，道德哲学必须包括谦虚、诚实、守信、责任，其核心要求就在于我们应当不断反思自身，不盲目认为自己总是有理，及时意识到自己的缺点。我们不能以个别的具体来排斥一般的普遍，这是我们的道德底线。②

三、道德哲学的问题

二战以后，西方社会在 50—60 年代逐渐迎来了经济的复苏。在此大背景下，发达工业资本主义社会中的道德矛盾日益凸显。这些外部客观环境的变化促使阿多诺进一步展开了关于道德哲学的“反体系”思考。相比于在《最低限度的道德》中的零散控诉，阿多诺逐渐意识到，虽然传统道德哲学在现代资本主义社会中失去了道德性功效，但是，进一步澄清道德哲学在当代人类精神中所起的巨大作用仍然是必要的。即便道德情感仿佛在一切都被理性化约为物质交换的资本主义社会中都显得苍白而无力，但是这并不意味着人们要因此而放弃道德。于是在对整个西方哲学的道德传统加以反思的同时，他结合自身的经历对道德哲学展开了全面的澄清工作。

---

① Theodor Adorno. Minima Moralia: Reflections on a Damaged Life. trans. E. F. N. Jephcott. London, New York: Verso, 2005: 101.

② 谢地坤. 从道德的“至善”到道德的“底限”——读阿多诺《道德哲学问题》. 江苏行政学院学报，2002 (2): 15.

1963年，阿多诺开始讲授他对于时下道德哲学反思的一系列结果，这些演讲和课程讲授最终被整理记录为《道德哲学问题》。就内容而言，该书全面围绕着康德的道德哲学来展开，阿多诺对此指出："我愿意在相当大的程度上以康德为指导，以康德哲学的一些规定为指导。"① 就论述方法而言，该书大量综合了辩证法的运用原则，对康德以及西方传统的道德观念和伦理学认知展开论辩。同时，虽然《道德哲学问题》不是一部传统意义上的道德著作，而是以讲稿的形式汇编在一起的演讲文集，但是相比于《最低限度的道德》过于分散的文体而言，《道德哲学问题》显然更能够将道德哲学的主要问题和主要关切梳理清楚。

正如书名所表示的那样，阿多诺在这本书中主要是从几个道德哲学必须要正面回应的问题展开的。

"'我们应当做什么'是道德哲学的真正本质的问题。"② 在这个本质问题之下，首先，最为基本的问题就是"有关仅仅涉及纯粹意志的规范问题"，它同时也是应当"对道德的东西进行反思、考虑道德实现的客观可能性的问题"③，阿多诺一方面把这一基本问题视为康德与黑格尔相冲突和矛盾的典型问题，前者是康德的教诲，后者是黑格尔反对康德的代表性意见；另一方面，从这一基本问题出发，还总结了两种伦理学：一是康德式的观念伦理学（Gesinningsethik），二是黑格尔式的责任伦理学（Verantwortungsethik）。

就观念伦理学来说，由于康德重视以自由概念为核心的理性的自律，认为实践可以经由抽象的自由指引来达到道德哲学所要求的内容，因而他将道德哲学的行动形式视为核心要义，而忽略了任何具体的经验因素。它"受到作为理性理念的一种意图的驱使，这种理念依据他自己的意识指引他"④。就责任伦理学而言，它揭示出道德法则只重视形式的最终目标而忽略具体的内容的弊端，但是却内在地"具有明显的压制

① 阿多诺．道德哲学问题．谢地坤，王彤，译．北京：人民出版社，2007：23.

② 同①3.

③ 同①7.

④ 同①183.

性，在政治上极为保守”[①]。它不满足于从纯粹的观念出发来行动，而是要求道德哲学拥有更多的经验的和实体的内容。因此，“责任伦理学是这样一门伦理学，它所追求的目的就是，人们在每走一步时——人们在每一步都相信，他们应当满足善和正确的要求——都要思考这一步会有什么影响，这一影响是否实现；人们不是从纯粹的观念来行动，而是在此同时把目标、意图，最终也把世界形态当作肯定的东西一并吸纳进来”[②]。

其次，道德哲学的问题还在于，应当妥善处理好道德哲学和伦理学的概念区分。阿多诺从“Moral”一词的拉丁文“mores”谈起，指出“mores”就是“Sitte”（伦理，道德）的意思，所以人们就把道德哲学翻译为“Sittenlehre”（伦理学说），或者是“Lehre von der Sittlichkeit”（关于伦理的学问）。在阿多诺看来，将道德哲学与伦理学相混淆是极其错误的，“伦理学的概念是道德中单纯的良知，或者是某一种方式的道德；它为那种特定的唯道德论而感到羞愧，因而表现为似乎是一种道德，但同时却又不是道德的道德”[③]。阿多诺这种对于伦理学的定义很容易让人感到困惑，要对此加以理解，就必须把伦理的概念更加紧密地联系到实践中的具体的内容。例如，阿多诺认为：“如果人们不是从一开始就想完全抽去伦理这个概念的内容，而不至于使自己对这个概念根本做不出任何表象，那么，人们就必定会在这方面思考共同体内部中现成的各种伦理习俗，这些伦理习俗在各个特定民族内部占据统治地位。”[④] 因此伦理的实体性拥有某种特殊性的特点，“在正在生效的表象和始终生效的关系方面存在着狭隘和局限”[⑤]。以伦理学来代替道德哲学的做法之所以令人担忧，是因为伦理学中很可能包含了某些非正直性的观念，因为“道德至少还允许人们趋向于受到约束的严厉观念”[⑥]，

① 阿多诺. 道德哲学问题. 谢地坤，王彤，译. 北京：人民出版社，2007：187.

② 同①183.

③ 同①11-12.

④ 同①11.

⑤ 同①11.

⑥ 同①11.

而“伦理学概念似乎反对由外在规定的、强制性的东西”①。阿多诺坚持了一种康德意义上的道德哲学概念，同时，他“不仅认为道德哲学是实践哲学的问题，而且还认为道德哲学从更深层次上也是理论哲学的问题，因为理论与实践在根本上都来自生活，因而是具有同一性的”②。

再次，道德哲学的问题还应当聚焦于理论与实践的关系问题。阿多诺指出：“理论和实践最终都来源于生活这个同一性”③。一方面，道德并不是不言自明的，因此我们需要从理论上对道德哲学展开诉说，并且“道德理论的课题在本质上还包括对这个理论本身范围的界定”④；另一方面，当我们对道德哲学进行理论上的把握时，“道德范畴在事实上是不会与理论范畴在一起的，而这个观点本身就是对实践范畴所进行的一种哲学的基本规定”⑤。这里再一次彰显了阿多诺以辩证法为基本方法来进行思考和写作的道德哲学特点。理论与实践二者的辩证关系既是矛盾的又是同一的，但是归根到底在生活的层面上是同一的，并且这种矛盾并不意味着人对道德生活向往的虚幻性，而是批判了那些以某种普世伦理来否定现实的不同民族、国家的具体道德规范。某些具体的道德规范虽然在其特定的社会历史条件下产生作用，也并不意味着它可以挑战人类文明的“最低限度的道德”。理论对实践的指引以及实践对理论的修正，这二者之间看似存在矛盾，实际上是因为人们想以过于简单的化约方式来处理道德哲学的具体问题。当理论与实践发生矛盾时，亦即当我们发现不能通过理论的控制和概念构成来消除现实的道德矛盾时，“我们就要学会把握重视矛盾的力量，而不是用多多少少的‘强制拆迁’的办法把这些矛盾从这个世界中铲除出去”⑥。阿多诺以历史唯物主义的观点来看待道德的实践问题，同时又强调了理论的作用及其现实出发点，他指出：“如果人的觉悟水平和社会生产力的水平脱离这些集体的

---

① 阿多诺．道德哲学问题．谢地坤，王彤，译．北京：人民出版社，2007：15.

② 谢地坤．道德的底限与普世伦理学．江苏社会科学，2004（1）：75.

③ 同①8.

④ 同①8.

⑤ 同①8-9.

⑥ 同①10.

观念，这些观念就会接受一些暴力和强制的东西；然后，这种强制的东西就会被包含在伦理习俗中，正是伦理习俗中的暴力和恶使得伦理习俗本身与德行相矛盾，而不是像颓废派理论家所抱怨的那样，这是简单的道德沦丧”①。

最后，道德哲学的问题还应当聚焦于个人与社会之间的辩证关系。在个人与社会的关系中，阿多诺鲜明地反对“人们从一开始就把人的行为方式中的恶推给普遍，而把善归功于个人”②，他认为这种观点是简单和幼稚的。个人的良知不能被无限制地绝对化和神圣化，社会以外的个人从根本上是不存在的。阿多诺反对简单粗暴地将社会视为压迫个人的始作俑者。他虽然承认个体在面对整体时大多数时候处于无力的劣势，但也毫无隐讳地指出：“我们还会看到社会的另一个侧面，即在特殊中、在个人的要求和个人的自我规定中也存在着企图实现同样的暴力和镇压的行为动机。”③ 这一结论的得出与他在现实的社会生活中对法西斯的反思不无关系。在对个人与社会之间的关系问题进行深刻反思后，阿多诺最终进一步把特殊的事物、特殊的利益、个人的行为方式和特殊的人与普遍性的相互对立的矛盾关系视为道德哲学的核心问题及其重要组成部分。

四、否定性的自由与道德关怀

阿多诺对于道德哲学所面临的基本问题做出了细致的梳理，其突出特点是以涉及道德哲学问题的诸种矛盾为出发点，来阐明当下人们所面临的道德现状，道德哲学的内部矛盾最终得以揭示：“只有把矛盾理解为一种必然性，人们才能理解自由或非自由的问题，即把矛盾理解为实际问题，理解为产生于事情本身的问题，而不是把它们理解为那种可以

---

① 阿多诺. 道德哲学问题. 谢地坤，王彤，译. 北京：人民出版社，2007：19-20.

② 同①21.

③ 同①21.

轻而易举就得以消除的一种转瞬即逝的错觉。”①

就阿多诺的道德哲学而言，《最低限度的道德》和《道德哲学问题》共同为《否定的辩证法》做了充分的道德哲学准备。阿多诺充分认识到理论与实践之间、个人与集体之间存在断裂，而否定的辩证法就是弥合这种断裂的必需品，按照阿多诺所言：“辩证法服务于调和的目的，它使自己的事业甩掉了逻辑的压迫特性。”② 与此同时，阿多诺强调自由就是对不自由的否定，这是其否定性道德哲学关于自由观的核心要义。虽然任何道德哲学都无法回避对自由的正面解读，但是无论是传统意义上的消极自由还是积极自由，都往往是在抽象的层面上来谈论个人对于不自由的摆脱程度以及个人的自律限度，这正是阿多诺所要批判的。阿多诺认为，抽象的自由是不值得讨论的，自由必须在具体的层面上辩证地展开才有意义。

在1961年德国哲学界关于“实证主义”的旷日持久的争论中，阿多诺要求一种比波普尔更彻底的社会批判理论。在这一大背景下，阿多诺于1966年写作了《否定的辩证法》，其中有关道德哲学最为核心的内容就是阿多诺对于否定性的自由观的提出。阿多诺认为，自由的意义就在于否定，在于反思和否定各种具体的奴役。他指出，一方面，哲学上所追求的自由是抽象的形式自由。这种抽象的形式自由并不是真正的自由，因为“价值规律开始在形式上自由的个人头上起作用”，而“按照马克思的见解，作为这一规律不自觉的执行者，他们是不自由的”③。在此基础上，“个人主义的社会意识形态顺从地使自由不幸地转向内心生活，从而阻止了对意识形态做出令人信服的回答”④，因此，“自由在历史的任何环节上隐藏在什么地方，是不能一劳永逸地来规定的”⑤。另一方面，受到马克思的影响，阿多诺认为哲

① 阿多诺．道德哲学问题．谢地坤，王彤，译．北京：人民出版社，2007：34-35．

② 阿多诺．否定的辩证法．张峰，译．重庆：重庆出版社，1993：5．

③ 同②259．

④ 同②261．

⑤ 同②262-263．

学在追求个体自由的同时，也在追求一种“同一性”。这种同一性的社会根源就在于资本主义社会以商品交换价值为原则，把人和物化约在同等水平上，使得个人与社会上的其他一切存在物并无区别，都成为可以用作交换的对象。在这样的一种社会里，即便是象征着必然的因果性消失了，也并不意味着任何自由王国可以到来，因为“在再生出来的总的一体化中，旧的依附性在发展着”①。

这或多或少地体现了阿多诺道德哲学的二元性，这种对于同一性的反抗意味着“不可以肯定性地确定何为人的道德本质，因为这样一种本质是从同一性概念出发的”②。同样地，二元性还表现在，当阿多诺面对道德哲学的自由问题在个人与集体、理论与实践之间产生的双重矛盾中，他对此的态度也是模糊的。阿多诺意向性地指出：“有关自由的问题是不要求回答‘是’或‘否’，而要求理论既驾于现存的个体性之上，也驾于现存的社会之上。理论不应该去认可内在化的、强硬的超自我的权威，而应去贯彻个人与类的辩证法。”③ 这种模糊的意向性答案，可能是由于阿多诺既希望使用大量的抽象术语来保持理论论争的风格，又同时想要保持他一贯的反体系和反逻辑的立场。

抛开那些模糊性的二元性表达不谈，辩证法和历史性这两种带有鲜明马克思主义哲学特点的思维方式着实在《否定的辩证法》中得到了充分的展现。在阿多诺晚期的作品当中，在辩证和历史的统一下，一种具有抗拒性的精神内核几乎无处不在。这种抗拒的对象是总体性、是体系也是同一性，同时，它也抗拒绝对象的自我意识、抗拒体系的二律背反、抗拒相对主义。这种看似矛盾的特性使得阿多诺的文章越发晦涩。他指出：“重新开始的辩证法的过程将不唯一是对哲学的一种历史传统方式的现实性做出裁决，也不是对认知对象的哲学结构的现实性做出裁决”④，“在历史的高度，哲学真正感兴趣的东西是黑格尔按照传统而表

① 阿多诺．否定的辩证法．张峰，译．重庆：重庆出版社，1993：266.

② 鲁路．阿多诺非同一性观念对统治的批判．马克思主义与现实，2011（2）：129.

③ 同①281.

④ 同①5.

现出的他不感兴趣的东西——非概念性、个别性和特殊性”[①]。在否定的辩证法之下，“对道德哲学来说根本的是个人与社会既不应协调起来，也不应被一种简单的区别分裂开”[②]。在历史性的视野下，阿多诺最终选择以“生命”这个概念来整合他的道德哲学。按照罗斯·威尔逊的看法，“阿多诺希望证明‘就算是极为抽象的概念，它看上去几乎不可改变但实际上是历史性的’，这个时候他就集中在‘生命’这个概念上”[③]。道德哲学从根本上要挽回的，就是阻止或者说拯救生命在劳动力和彻底商品化过程中呈现出并最终转向它的对立面——死亡。这正呼应了阿多诺在《启蒙辩证法》中对于自我持存的态度，仅仅为了活着而坚持的生命实际上已经在任何意义层面上停止了生存。只有在解放了的世界，生命才能真正充分地成为生命。否定的自由观最终是以一种马克思主义式的辩证法要素展开的对康德道德哲学的反思，以具体而不是抽象的内容，来重新思考道德哲学的表现形式，这最终也为道德情感的进步性意义提供了空间。同时，阿多诺也承认一种道德客观性的存在，他“表现出既承认现代道德哲学的理性规约，又对个体过什么样的生活加以努力寻求，表现出德性伦理的诉求，但其整体思想是一种对现代社会道德性反思的态度”[④]。

五、余论

“思想无法逃脱的最重要的冲动，对阿多诺来说，就是希望。”[⑤] 因此，尽管阿多诺的道德哲学以否定性著称，但是却不能说阿多诺否定了道德存在本身。阿多诺在他后来的职业生涯中提到，从来没有写过任何东西而不以某种方式参考到布洛赫的“希望哲学”，这也是在他复杂的

---

① 阿多诺．否定的辩证法．张峰，译．重庆：重庆出版社，1993：6.

② 同①280.

③ 罗斯·威尔逊．导读阿多诺．路程，译．重庆：重庆大学出版社，2016：104.

④ 丁乃顺．阿多诺道德哲学研究．北京：中国社会科学出版社，2015：152.

⑤ 同③83.

否定性理论的最后总能为人们提供某种希望元素的原因。与布洛赫的“希望”不同，尼采“重估一切价值”的道德哲学追求则赋予阿多诺莫大的勇气，以此为激励，阿多诺对于一切普遍的道德规范都进行了彻底的反思，这一点集中表现在他的“反体系”的理论追求当中。此外，卢卡奇的总体性探究、本雅明对普遍规范的反思、柏格森的生命哲学以及黑格尔的辩证思维方法等都在不同程度上影响着阿多诺道德哲学的思维进路。

作为一个西方马克思主义学者，“阿多诺在哲学的权利和社会意义方面秉承了卢卡奇和布洛赫的观点”①。就法兰克福学派而言，不同于马尔库斯和纽曼等人，阿多诺与霍克海默在 20 世纪 40 年代便开始逐渐由激进的政治哲学转向文化哲学的批判，这也为后来的“五月风暴”中阿多诺的政治态度埋下了伏笔。对阿多诺来说，道德规范远不是一经推出便可以天然具有指导实践正当性的法则，人的行为在何种程度上应当遵守何种道德是必须经过辩证反思的。就其马克思主义伦理学的维度而言，阿多诺把道德哲学放置在现实的社会矛盾中加以理解，重新评判了道德的现实意义，他提醒人们“要对道德行为进行反思，不是要彻底否定道德行为，而是将道德行为上升到一个更高的道德自觉的水平上去”②。

阿多诺的道德哲学研究和文化哲学转向，极大地扩充了法兰克福学派的研究领域，使得法兰克福学派的魅力不仅局限在社会批判理论当中，而是像他在《最低限度的道德》中所做的那样——实际上这本书是阿多诺献给霍克海默的，意在指出知识分子和文化人要在现实的公众生活中发挥批评家的作用——扩展到“正确聆听音乐的规则，再到精神分析等生存的各个方面”③。在后期，阿多诺在法兰克福研究所中扮演了一种调和的角色，虽然他接替了霍克海默的研究所所长的位置，但是

① 洛伦茨·耶格尔．阿多诺：一部政治传记．陈晓春，译．上海：上海人民出版社，2007：42．

② 王晓升．评阿多诺否定性的道德哲学．道德与文明．2019（5）：91．

③ 同①224．

在霍克海默与哈贝马斯的理论矛盾演变得最为激烈的时候，阿多诺显然并不是十分赞同霍克海默的许多言辞。正如洛伦茨·耶格尔所说："要完成道德使命这一明确的观念，指导行动越多，在实际问题中超越中产阶层的习惯、拒绝妥协和在选择方法的过程中不那么忸怩作态的倾向就越突出。"① 而在阿多诺这里，人们可以明显地感觉到这一点。

Adorno's Moral Philosophy——From Critique of Enlightenment Reason to Negative Dialectics

Abstract: Adorno's moral philosophy always brings the impression of "star cluster style" and "atonal style". His perspective and method of exploring moral philosophy are deeply influenced by the historical background in which he is located. In Adorno's moral philosophy, we can see both Western Marxists' pursuit of general philosophy and hope philosophy before World War II, and we can also see Western Marxist ethicists' reflection and anxiety on the legitimacy of traditional moral philosophy after Auschwitz. Even within the Frankfurt School, it is difficult to find another person who likes Adorno to implement the negativity of critical theory to such a thoroughness. Combing and clarifying Adorno's moral philosophy and related issues have played an important role in exploring the core of Western Marxist ethical thoughts since World War II.

Keywords: Adorno; Moral Philosophy; Negativity; Western Marxism; Ethics

① 洛伦茨·耶格尔．阿多诺：一部政治传记．陈晓春，译．上海：上海人民出版社，2007：230.

立　论

“道德巴别塔”批判

——评《反杜林论》中恩格斯对“永恒道德”的驳斥

魏传光[*]

摘　要： 恩格斯在《反杜林论》中对杜林用“永恒正义”“永恒道德”构建的“道德巴别塔”的批判基本涵盖了马克思主义道德观的关键议题，是理解马克思主义道德观的一把钥匙。用“分析的方法”，把对“永恒道德”的批判置于马克思恩格斯对德国古典哲学理念性、抽象性特性批判的思想背景中，并思考“永恒道德”与“革命意识”的内在逻辑关系，是深化理解马克思主义道德观不容忽视的学术路径。

关键词： 恩格斯　《反杜林论》　永恒道德　道德巴别塔　批判

马克思主义研究史上很久以来就存在着“人道的马克思主义”和“科学的马克思主义”的对立。在对两者的整合中，“分析的马克思主义”力图借助“分析哲学”的方法和“事实与价值相融合”的立场，重建马克思的道德观①，以求在新的形势下用它来论证社会主义的优势。虽然“分析的马克思主义”对马克思的著作中道德价值要素的挖掘极大地丰富和发展了马克思的道德观，但重建过程困难重重，分歧很大。其中一个重要原因是马克思的成熟著作中很难找到道德理论的明确表述，

---

* 魏传光，暨南大学马克思主义学院副院长、教授。

① 在绝大多数情况下，分析的马克思主义的分析对象是马克思，而非马克思主义。因此，被分析出来的结论主要是马克思的（Marxian），只在很少情况下是马克思主义的（Marxist）。

而这又与马克思根本没有打算建构任何道德理论体系的基本立场有关。相对而言，恩格斯比马克思更直接地讨论了道德问题，而恩格斯关于道德的论述主要是在《反杜林论》中完成的。所以，梳理和分析恩格斯在《反杜林论》中的道德阐释是系统、融贯、清晰地表述“马克思主义的道德基础”必不可少的文本依据。在《反杜林论》中，恩格斯首先批判的和着墨最多的是对“永恒道德”的批判，批判中所蕴含的道德观念基本涵盖了马克思主义道德观的主要议题，是理解“马克思主义道德观”的一把钥匙。

一、“道德巴别塔”的理念性及其批判

本文之所以借用“巴别塔”[①] 之名，是因为恩格斯在《反杜林论》中的主要批判对象之一——“德国社会主义者”——认为“社会主义是绝对真理、理性和正义的表现，只要它被发现了，它就能用自己的力量征服世界”[②]，这与当初巴比伦人建造“巴别塔”的愿望有类似之处，都指向了一种理想主义和一劳永逸的期待。只不过，“德国社会主义者”要建造的是一座“道德巴别塔”罢了。恩格斯对“德国社会主义者”的宏伟蓝图给予批判的逻辑起点是什么？加拿大学者尼尔森（Kai Nielsen）提出：“恩格斯关于道德和道德哲学的观点，可以同他对于启蒙运动的反应很好地联系起来。”[③] 恩格斯在《反杜林论》中一开始就提出“现代社会主义”“就其理论形式来说，它起初表现为18世纪法国伟大的启蒙学者们所提出的各种原则的进一步的、据称是更彻底的发展”[④]。“更彻底”表现在哪里呢？启蒙学者认为“迷信、非正义、特权和压迫，必将为永恒的真理、永恒的正义、基于自然的平等和不可剥夺的人权所

---

① 巴别塔，又称巴比伦塔，是公元前586年建于古巴比伦王国的一座古巴比伦高塔，是当时巴比伦国内最高的建筑，在国内的任何地方都能看到它，故人们也称它为“通天塔”。

② 马克思恩格斯文集：第9卷．北京：人民出版社，2009：22.

③ 凯·尼尔森．马克思主义与道德观念．李义天，译．北京：人民出版社，2014：52.

④ 同②19.

取代"[①]，而"现代社会主义者"认为"资产阶级世界也是不合理性的和非正义的，所以也应该像封建制度和一切更早的社会制度一样被抛到垃圾堆里去"[②]，仅此而已。二者在"建立理性和永恒正义的王国"方面却是一样的。

在这个部分，恩格斯虽然没有正面表达他自己的道德观点，也没有展开道德论证，仅仅展示了启蒙学者和空想社会主义者的道德观念，可以说只是一种"描述性伦理论述"。但通过恩格斯略显"讽刺"的表达——"绝对真理是不依赖于时间、空间和人类的历史发展的，所以，它在什么时候和什么地方被发现，那纯粹是偶然的事情"[③]——就可以感受到他的态度，因而这也是阐释性道德理论的一部分。在这里，恩格斯已经隐含着对启蒙理性的批判。但是，国内多数学者把恩格斯批判"18 世纪伟大的思想家""没有能够超出他们自己的时代使他们受到的限制"理解为一种阶级限制，这固然是对的，但远远不够。实际上，这里包含着一种更深层的批判，就是对启蒙理性的理念性特性的批判。对此，恩格斯在 1876 年写给马克思的信中已经有清楚的表述，他说："在这里（杜林的《哲学教程》——作者加），自然、历史、社会、国家、法等等都是从某种所谓的内部联系方面加以探讨的。……其中从经济方面说得极少"[④]。"内部联系"主要是指理念联系，表现形式是通过"概念关联"分析社会问题。这不仅仅是杜林的问题，而且是整个启蒙理性的共性。如果忽略了这点，就会失去理解马克思主义道德观的重要思想背景。

通过理念建构人类社会的宏大计划是启蒙理性的自我设定，"德国社会主义者"所建构的"道德巴别塔"在启蒙运动时期就是很多学者的伟大梦想。这一点在康德那里表现明显。康德是以理念的世界的普遍原理来反观、规约和审查现存世界的，"在康德看来，通过一种理性——

---

① 马克思恩格斯文集：第 9 卷. 北京：人民出版社，2009：20.
② 同①21.
③ 同①22.
④ 马克思恩格斯文集：第 10 卷. 北京：人民出版社，2009：414.

自由的同一性语言就可以重新找到人类团结一致的形而上学基础，认清一个完美人类的社会的结构和必然性，从而使尘世向天国的上升成为可以期待的”[①]。而“黑格尔哲学的精髓是一个由自由、主体、精神、概念等范畴组成的结构，这一系列概念都源于理念”[②]。后来罗尔斯所建构的“道德几何学”也是如此。当然，康德、黑格尔、罗尔斯也都不过是柏拉图的注脚，柏拉图很早就试图用正义的理念去拯救充满危机的混乱的现实世界。所以，“道德巴别塔”实质也是一座“理念巴别塔”。当然，对此学界也有争议。日本马克思主义学者柄谷行人认为，“对于康德来说，道德/实践并非善恶问题，而是‘自由’（源自自身）的问题”，他是将道德法则“作为历史性的社会中应当逐渐实现的课题来思考的。具体而言，即针对商人资本主义的市民社会而谋求独立的手工业者们的联合”[③]。李泽厚也提出“要康德，不要黑格尔”，但多数学者认为康德的形式化道德命令很难与社会政治的具体实践之间建立起直接联系，即使提及“革命”，也是“人的意念中的革命”[④]，“通过心灵的转变来成为一个新人”[⑤]。康德也好，黑格尔也好，尽管二者的理论侧重点有所不同，但他们都属于德国古典哲学，都执拗于从理念出发探究社会。康德也因此成为后来的乌托邦社会主义者和蒲鲁东那种无政府主义者的思想导师，科恩称之为“德国社会主义的真正创造者”。

既然杜林的“道德巴别塔”实质是一座“理念巴别塔”，如果我们把恩格斯对“道德巴别塔”的批判置于马克思恩格斯对“理念”的批判这一宏大背景下，就更容易理解马克思恩格斯的道德观。在马克思恩格斯看来，充满理念式色彩的“永恒道德”秉承的是逻各斯中心主义，遵循的是意识的终极确定性，追求一种道德真理的超验形而上学，并以最高真理和人类理性名义发挥思想规范的功能。“永恒道德”的理念性主要表

---

① 张盾，田冠浩．黑格尔与马克思政治哲学六论．北京：学习出版社，2014：162.

② 马尔库塞．理性与革命．程志民，等译．上海：上海人民出版社，2007：20.

③ 柄谷行人．跨越性批判——康德与马克思．赵京华，译．北京：中央编译出版社，2011：2.

④ 康德著作全集：第6卷．李秋零，译．北京：中国人民大学出版社，2008：481.

⑤ 同④48.

现为以下几点：

（1）理论独断论的意识哲学。"永恒道德"遵循的是意识哲学，而意识哲学把理念看作塑造现存世界的基本原则和思想武器。诸如康德把人的物质动机规定为人类意志的纯粹自我规定，"从而就把这种意志变成纯粹思想上的概念规定和道德假设"①；再如苏格兰哲学家塞思所言："黑格尔的语言使我们有理由相信，范畴具有了血肉之躯，并且走向了现实……那种逻辑抽象概念可以变成所谓的真正的存在。"② 所以在恩格斯看来，虽然"启发过人们头脑的那些伟大人物（启蒙思想家——作者加），本身都是非常革命的"③，但在他们那里，"思维着的知性成了衡量一切的唯一尺度"，"人的头脑以及通过头脑的思维发现的原理，要求成为人类的一切活动和社会结合的基础"④。意识哲学在康德和黑格尔那里获得重要更新和典型形态之后，成为资本主义的价值观和意识形态的基本表达方式，以及确立资本主义世界秩序的文化武器。青年马克思也曾建构过类似"**必须推翻**使人成为被屈辱、被奴役、被遗弃和被蔑视的东西的**一切关系**"⑤ 这种理念式的"意识哲学"，但自从转向对市民社会的经济学研究之后，就不再如此了。

（2）先验自我论的主体哲学。"永恒道德"把人理解为抽象的精神存在，并把之建立在一种不依赖于时间、空间和人类的历史发展的普遍人性的基础之上，认为这种普遍人性可以提供一种绝对的、超越历史的道德标准。"人"在杜林那里"摆脱了一切现实，摆脱了地球上发生的一切民族的、经济的、政治的和宗教的关系，摆脱了一切性别和个人的特性，以致留在这两个人身上的除了人这个光秃秃的概念以外，再没有别的什么了"⑥。马克思在《〈1857—1858 年经济学手稿〉导言》中也批

① 马克思恩格斯全集：第 3 卷. 北京：人民出版社，1960：213.

② A. Seth. Hegelianism and Personality. Edinburgh: William Blackwood and Sons, 1887：125.

③ 马克思恩格斯文集：第 9 卷. 北京：人民出版社，2009：19.

④ 同③20.

⑤ 马克思恩格斯文集：第 1 卷. 北京：人民出版社，2009：11.

⑥ 同③104.

判这种观念，认为这是“用编造神话的办法，来对一种他不知道历史来源的经济关系的起源作历史哲学的说明，说什么亚当或普罗米修斯已经有了现成的想法，后来这种想法就被实行了等等”①。而在马克思恩格斯看来，现实和真正的人是“他自己的劳动成果”，“当他通过这种运动作用于他身外的自然并改变自然时，也就同时改变他自身的自然”②。

（3）权利遮蔽的意识形态。李嘉图的国民经济学、杜林的“永恒道德”和黑格尔的理念体系一样，皆强调普遍性和永恒性，因而也皆具有为资产阶级辩护的意识形态性。马克思、恩格斯、马尔库塞分别给予了揭露。马克思看到，与哲学领域的黑格尔一样，经济领域的李嘉图，通过明确支持某些特定的经济关系具有永恒的合法性而营造一种服务于资产阶级利益的意识形态，如“他把剩余价值看做资本主义生产方式固有的东西，而资本主义生产方式在他看来是社会生产的自然形式”③。在恩格斯看来，“道德始终是阶级的道德；它或者是为统治阶级的统治和利益辩护，或者当被压迫阶级变得足够强大时，代表被压迫者对这个统治的反抗和他们的未来利益”④。但是，“永恒道德”由于强调普遍信念和“永恒真理”，所以在资本主义时代它必然强调的是调和、和解，不自觉地充当了为资产阶级服务的理智机构。马尔库塞认为，由于黑格尔的理念落脚、实现在当下的“国家”中，所以“在黑格尔的体系中，所有范畴终止于存在着的秩序中”⑤。

二、“道德巴别塔”的抽象性及其批判

恩格斯在《反杜林论》第一编“哲学”中专门设立第9部分“道德和法。永恒真理”来解构“永恒道德”，“拒绝想把任何道德教条当做永

① 马克思恩格斯文集：第8卷．北京：人民出版社，2009：6.
② 马克思恩格斯文集：第5卷．北京：人民出版社，2009：208.
③ 同②590.
④ 马克思恩格斯文集：第9卷．北京：人民出版社，2009：100.
⑤ 马尔库塞．理性与革命．程志民，等译．上海：上海人民出版社，2007：223.

恒的、终极的、从此不变的伦理规律强加给我们的一切无理要求”①，以推翻“道德巴别塔”。这部分虽然篇幅不大，但逻辑清晰，通过“道德相对性的现象学描述”推出“道德奠基于经济关系”这一唯物主义观点，完成了解构“道德巴别塔”的理论任务。应该说，“善恶观念从一个民族到另一个民族、从一个时代到另一个时代变更得这样厉害”②，以及“现代社会的三个阶级即封建贵族、资产阶级和无产阶级都各有自己的特殊的道德”③ 这种“道德相对性的现象学描述”论证方法对于瓦解“道德巴别塔”的根基是十分有效的，也顺理成章地提出了马克思恩格斯最为核心的道德观念：“人们自觉地或不自觉地，归根到底总是从他们阶级地位所依据的实际关系中——从他们进行生产和交换的经济关系中，获得自己的伦理观念。”④ 要注意的是，通过文献检索和阅读发现，中外学界大都把恩格斯“道德相对性的现象学描述”作为一种论证手段来解读，忽略了这种论证手段和方式的深层内涵。如果说恩格斯在“概论”部分主要是批判“道德巴别塔”作为一种理念存在，缺乏现实的根基，所以只能“无望地兜圈子”的话，恩格斯的“现象学描述”则是对“永恒道德”抽象性特性的一种批判方式。

恩格斯对“永恒道德”抽象性特性的描述主要是在随后的章节“道德和法。平等”中展开的。“永恒道德”抽象性特性的主要表现用杜林的话讲就是：“把每一类认识对象分解成它们的所谓最简单的要素，把同样简单的所谓不言而喻的公理应用于这些要素，然后再进一步运用这样得出的结论”⑤，例如对平等的认识就是“发现最简单的社会至少由**两个**人组成”，“两个人或两个人的意志就其本身而言是彼此**完全**平等的”⑥，所以人是平等的。杜林还把这种方法“提升为一切社会科学的

---

① 马克思恩格斯文集：第9卷. 北京：人民出版社，2009：99.

② 同①98.

③ 同①.

④ 同①.

⑤ 同①101.

⑥ 同①102.

基本方法和一切历史形态的尺度”[①]。应该说，这种“抽象”方式是比较低级的抽象方式，只是简单地抽去每一个主体的个性、具体性等所谓偶性，剩下类似数字一样的最简单的要素，这样的思维水平最多是颗“酸果”，不值得批判。但对于长期受德国先验哲学规训的马克思恩格斯来讲，实际上是非常痛恨先验哲学的抽象性，所以反对抽象思辨、专注现实问题、追求清新风格是马克思恩格斯的重要共识。杜林“从口头说的，思考出来的，设想出来的，想像出来的人”这种低级的抽象，只不过是德国哲学“绝对精神”的再次现身，身上刻着的还是“唯一”“永恒”“绝对”等德国思辨哲学的标签，“道德”成为直观观察加上先天预测后形成的一块神秘莫测的飞地。所以，虽然只是颗“酸果”，恩格斯也要给予批判。其实，对抽象性道德观念的批判，马克思恩格斯早在《德意志意识形态》中已经展开，如“在思辨终止的地方，在现实生活面前，正是描述人们实践活动和实际发展过程的真正的实证科学开始的地方。关于意识的空话将终止，它们一定会被真正的知识所代替”[②]。在《反杜林论》中，恩格斯继续了这种批判，认为杜林仅仅纠缠于从主观思维中抽象出来的所谓永恒原则，不考虑产生这些原则的物质根源，而批判的主要方式就是用具体的人、实践，即用那些人、那些人的生活实际这些“经验的填加料”，而不是用一种抽象反对另外一种抽象。在此，恩格斯列举了“基督教的封建的道德”、“天主教道德”、“新教的道德”和“启蒙的道德”并举存在的历史，举例“切勿偷盗”的规范在偷盗动机消除的社会就不会存在，在“准备材料”中用“一个美国人和一柏林大学生”做比较等等，实际上是把道德置于历史的、现实的和具体的社会情境中去理解。可以说，杜林的语言是“人们想像他们社会生存状况的语词”，具有鲜明的抽象性，而恩格斯则是“现象生活的语言”，是具体的、情境的。恩格斯用这种方式表达了马克思主义的重要观点：抽象性的语言要受制于具体的、生活的语言。概括地讲，“道德相对性

---

① 马克思恩格斯文集：第9卷．北京：人民出版社，2009：103.

② 马克思恩格斯文集：第1卷．北京：人民出版社，2009：526.

的现象学描述”蕴含着马克思恩格斯用现实具体性、微观性、历史性批判抽象性、一般性的意义，包含着一种从抽象上升到具体、由简单上升到复杂的方法运用。尽管恩格斯并没有具体表达这层含义，只是指出“一当它们不再是抽象的人的意志而转为现实的个人的意志，转为两个现实的人的意志的时候，平等就完结了”①，但如果我们把这部分文本置于马克思恩格斯的思想内核之中考虑，应该不算“过度的阐释”。

但是这样做也容易带来误解。马克思恩格斯强调以当下、具体、历史消解恒久性和普遍性，虽然完成了对“永恒道德”的解构，同时也引致了“道德虚无主义”和“道德怀疑主义”的指责。一些学者就此认为，在马克思恩格斯看来，“一切道德观念都没有融贯的意义，或者说，就本质而言，它们是主观的或是建立在某种错误基础上的”②。显然，恩格斯也预见了这种批评，所以他并没有像后来的“后现代主义”那样，用历史和具体消解一切普遍性和抽象性，在批判“抽象一般”上走得太远，更没有因为反对“永恒道德”就把对“道德的反抗”作为个体追寻自由和解放之路，而是转向“寻求一种可以替代的普遍的生活”③，那就是经济关系。所以恩格斯以具体反对抽象之后，马上指出“一切以往的道德论归根到底都是当时的社会经济状况的产物”④，用经济关系替代道德作为人类生活的“普遍”和“一般”。当然，在《德意志意识形态》中，马克思恩格斯已经提出要“从市民社会出发阐明意识的所有各种不同的理论产物和形式，如宗教、哲学、道德等等”⑤。

但解决了一个指责又面临一个指责。美国学者萨林斯指责“在马克思的历史分析中，经济理性的实质是不证自明的，直接来自生产的自然必要性”⑥，因而“经济关系”还是抽象的，这样马克思恩格斯反对的

---

① 马克思恩格斯文集：第9卷．北京：人民出版社，2009：108.

② 凯·尼尔森．马克思主义与道德观念．李义天，译．北京：人民出版社，2014：52.

③ 鲍曼．流动的现代性．欧阳景根，译．上海：上海三联书店，2002：8.

④ 同①99.

⑤ 马克思恩格斯文集：第1卷．北京：人民出版社，2009：544.

⑥ 马歇尔·萨林斯．文化与实践理性．赵丙祥，译．上海：上海人民出版社，2002：209.

抽象观念又以另外一种方式不自觉地从后门又溜回来了。“经济关系”的确像是马克思恩格斯“从对人类历史发展的考察中抽象出来的最一般的结果的概括”①，这是因为“分析经济形式，既不能用显微镜，也不能用化学试剂。二者都必须用抽象力来代替”②。但如果它是建立在“现实的历史”之上，是通过对于经验材料的归纳整理而得来的，就有存在的价值，这样“道德相对性的现象学描述”既可以避免把对“永恒道德”的批判变成缺乏理论反思的经验主义哲学，与经验主义划清界限，同时“经济关系”的一般抽象又有助于在实践层面把权利、平等、正义、自由等道德活动推向深入。马克思恩格斯把“经济关系”作为一种“人们的存在”，既不同于“永恒道德”那样无时间性的、既定的、“人的空场”的东西，也与近现代道德哲学家在契约论的框架内，漂浮在现实历史之上，以抽象先验的自然法为基础建构道德的做法不同，“经济关系”为基础的“道德”是把主体置于现场，而不仅仅是“看作”道德主体。而“置于现场”的方式就是对“经济关系”进行历史的考察，这点虽然在《反杜林论》中并没有明显的显现，但在《资本论》及其手稿为载体的政治经济学批判中，马克思所进行的对市民社会内在深层矛盾的研究就是一种“经济关系”的历史考察。对于“永恒道德”和“经济关系”两种抽象的差异，可以用恩格斯在“概论”部分的表述进行概括：“永恒道德”“不是从对象本身去认识某一对象的特性，而是从对象的概念中逻辑地推导出这些特性”③，所以从这些“简单的要素”和“终极的抽象”“看到一个一个的事物，忘记它们互相间的联系；看到它们的存在，忘记它们的生成和消逝；看到它们的静止，忘记它们的运动”④，而“经济关系”虽然是一个抽象概念，但如果历史地看待“经济关系”，就会发现概念背后的开放性和动态性。

一是“经济关系”是动态的社会运动过程，表面上是物质财富的再

① 马克思恩格斯文集：第1卷. 北京：人民出版社，2009：526.

② 马克思恩格斯文集：第5卷. 北京：人民出版社，2009：8.

③ 马克思恩格斯文集：第9卷. 北京：人民出版社，2009：101.

④ 同③24.

生产，实际上蕴含着社会力量、社会支配权力和社会关系的动态生产过程。二是“经济关系”包含着劳动方式和劳动合作关系的展开形式和运动形态。三是“经济关系”包含着资产阶级、无产阶级和其他社会阶层之间合作、博弈和斗争的过程。在马克思恩格斯看来，把道德置于具体的、开放的、动态的“经济关系”的基础之上理解，自然就不存在“永恒道德”和“抽象道德”，对于不同民族和国家、不同历史时期，尤其是不同阶级的“道德”要做相对性的分析，抽象地、简单地设置一个永恒的道德规范是幼稚的。

三、“道德巴别塔”阻碍革命的内在逻辑

诚如上述，恩格斯对“永恒道德”的批判实质是对理念的道德形式和抽象的道德立场的批判。那么，恩格斯的批判是仅仅为了“纠正”它的错误还是存在更深层的目的？需要注意的是，恩格斯在“道德和法。永恒真理”部分提出了“革命的前夜”，在“暴力论”部分提出了“那就糟了，我们就得长久等待下去”①，这些都能让读者感受到革命的紧迫性。那么，“永恒道德”——理念的道德形式和抽象的道德立场——阻碍革命之间是不是存在内在逻辑？本文已经就前两个概念之间的逻辑做出分析，现在我们来看看理念的道德形式和抽象的道德立场会阻碍革命的发生吗？

这要从马克思恩格斯所理解的“革命的发生”和杜林理解道德的基本思路谈起。首先来看前者。说到“革命的发生”，马克思在《〈政治经济学批判〉序言》有句关键性的表达：“社会的物质生产力发展到一定阶段，便同它们一直在其中运动的现存生产关系或财产关系（这只是生产关系的法律用语）发生矛盾。于是这些关系便由生产力的发展形式变成生产力的桎梏。那时社会革命的时代就到来了。”② 这是马克思“革

① 马克思恩格斯文集：第9卷. 北京：人民出版社，2009：164.

② 马克思恩格斯文集：第2卷. 北京：人民出版社，2009：591-592.

命的发生”的一般原理，但具体到资本主义社会，虽然总体上“生产资料的集中和劳动的社会化，达到了同它们的资本主义外壳不能相容的地步”时，“这个外壳就要炸毁了”[①]，但由于“至今一切社会的历史都是阶级斗争的历史”[②]，因而资本主义的消亡还需要一个革命中介：阶级对抗和阶级意识。而且，阶级意识是“生成性”的，所以“共产党一分钟也不忽略教育工人尽可能明确地意识到资产阶级和无产阶级的敌对的对立”[③]。在马克思恩格斯看来，革命不能依靠虚假的理想主义来支撑，如果无产者对自身的处境和使命不能建立在现实性和科学性的认识之上，是不可能产生真正持久的革命意识的。所以，这时工人阶级所亟须的是“科学的分析，既有抽象的又有具体的，它们将使工人阶级成员知道他们是谁、他们的阶级力量何在、他们曾经是谁、他们又会变成怎样”[④]。

而杜林却认为，道德领域存在一种凌驾于一切历史和民族特性的普适性的永恒真理，按照数学的方法，在道德领域中找到终极的、不变的、具有“确定性”的真理，就可以像解答数学运算一样解决社会历史领域内的难题，让世界符合真理的要求，完成变革世界的伟大历史使命。这样的道德观念会阻碍无产阶级的革命意识和热情吗？答案是显然的。用尼尔森的话讲，“永恒道德”这样的类似观念，“在用言辞的蒙蔽来替代针对工人处境及其前景的科学分析”[⑤]，会造成无产者失去解放的意识，因而要给予批判。“永恒道德”所产生的蒙蔽性体现在哪里呢？可以从以下几个方面来理解：

一是“永恒道德”自我定位为“一种未来观念的社会科学”，相信通过自上而下的个人介入或道德说服而创造出人类解放的条件，而其中工人阶级只是遭受苦难最多的阶级，而不是自我解放的主体。这种通过

① 马克思恩格斯文集：第5卷．北京：人民出版社，2009：874.

② 马克思恩格斯文集：第2卷．北京：人民出版社，2009：31.

③ 同②66.

④ 凯·尼尔森．马克思主义与道德观念．李义天，译．北京：人民出版社，2014：304.

⑤ 同④.

理念建构的"永恒道德"由于排除了赋予经验以内容的外部性和实践的主体性，无法在历史中实现自身，只能停留在同语反复的玄思中，指责现实的矛盾，而无所作为地沾沾自喜。在马克思恩格斯看来，这是天真幼稚的，缺乏对统摄人类社会关系的动力机制的理论把握。所以恩格斯批判杜林"只要他一转到社会和历史方面，以**道德**形式出现的旧形而上学就占支配地位，于是他就像骑在一匹真正的瞎马上，由这匹瞎马驮着无望地兜圈子"①。

二是"永恒道德"不是基于对社会经济的现实主义的理论分析所得出的结论，而是建立在"道德世界拥有它自己的永恒原则以及完全确定的基础主张"的观念之上，但是"绝对真理、理性和正义在每个学派的创始人那里又是各不相同的"，必然带来思想的混乱无序，"得出一种折中的不伦不类的社会主义"②。这样就容易混淆工人的头脑，令他们难以获得革命意识。

三是"永恒道德"蕴含着这样的内在观念：资本逻辑的结构化运作是"自然的"体系，而观念、思想、概念等才是人们的真正敌人。虽然它具有一种使理想性成为现实的追求，但它不是依托资本主义的现实性，只是热衷于以"它应该如何存在"的方式去看待现实，认为通过诉诸人性就可以把"永恒正义"的道德劝导灌输给社会。这样，工人只需要沉溺于概念体系中研究社会规律，然后遵循社会规律就可以了，而不需要培养批判的意识和能力去反对现存世界。在马克思恩格斯看来，这是极其危险的，这样会让工人阶级搞不清楚自己的利益是什么，也会产生使工人用抽象的道德话语来替代关于资本主义体系如何运转、什么东西将会破除它等问题的后果。时间久了，就会钝化无产者反抗各种不人道状况的那种决心所具有的天生锋芒。

通过以上分析，我们就容易理解为什么马克思有那么多"反道德"的言论和在成熟时期对"道德的厌恶"了。马克思在《德意志意识形

① 马克思恩格斯文集：第10卷. 北京：人民出版社，2009：418.

② 马克思恩格斯文集：第9卷. 北京：人民出版社，2009：22.

态》中提出“共产主义者根本不进行任何道德说教”①；在《哥达纲领批判》中提出“平等的权利”和“公平的分配”这些“已变成陈词滥调的见解作为教条重新强加于我们党”②；在致恩格斯的信中，表达出在《国际工人协会共同章程》中采纳“‘义务’和‘权利’这两个词，以及‘真理、道德和正义’等词”③ 的“策略性”和“不得已而为之”的苦恼，因为“要把我们的观点用目前水平的工人运动所能接受的形式表达出来，那是很困难的事情”④；在《资本论》中批判蒲鲁东诉诸“永恒公平”“永恒公道”“永恒互助”的理想。马克思对道德的这些消极表达虽然在不同的时期和不同的文本中有着各自不同的具体原因，但从整体上看，恩格斯对“德国社会主义”理念的道德形式和抽象的道德立场的批判是马克思对道德的消极表达的总体思想背景。如果对这一总体思想背景做出简单的概括，那就是“永恒道德”只是伦理概念的理念表达和抽象规定，它遮蔽了伦理关系背后的现实经济关系，回避了无产者所遭遇的现实苦难。而如果站在这样的思想背景下去理解马克思对道德的消极表达，无论如何也无法把他归结为“反道德主义”。柄谷行人认为“马克思所否定的是那种作为设计性理念的共产主义，而非共产主义本身”⑤，这句话同样可以概括马克思对待道德的态度：马克思所否定的是那种作为设计性理念的道德，而非道德本身。当然马克思也可以像蒲鲁东那样高喊“所有权就是盗窃”，但马克思并没有这样做，而是选择性地暂时搁置道德，在经济学中寻找推动社会发展的真实动力。

虽然“马克思的（明确）目的，也就在于向世界（即作为正在发展壮大之积极政治力量的无产阶级）表明，它正在为什么而奋斗，而不是应该为什么而奋斗”⑥，但马克思恩格斯并没有消解公正与道德，而是

---

① 马克思恩格斯全集：第3卷．北京：人民出版社，1960：275.

② 马克思恩格斯文集：第3卷．北京：人民出版社，2009：436.

③ 马克思恩格斯文集：第10卷．北京：人民出版社，2009：215.

④ 同③216.

⑤ 柄谷行人．跨越性批判——康德与马克思．赵京华，译．北京：中央编译出版社，2011：2.

⑥ 罗尔斯．政治哲学史讲义．杨通进，等译．北京：中国社会科学出版社，2011：371.

为这些实践领域的问题寻找一个经济学认识论视角。没有经济、政治基础的共产主义是空洞的，没有道德性基础的共产主义是盲目的，马克思恩格斯对此毫无疑问是清楚的，因而不能掏空马克思主义的道德价值观念，把马克思主义理解为纯粹的历史的必然和“科学社会主义”，虽然这样可能避免“理性的暴力”，但却会造成“理性的越权”。

The criticism of the Moral Babel—Comment on Engels's Refutation of “eternal morality” in Against Dulling's Theory

Abstract: The Engels's criticism of the Moral Babel by constructed with “eternal justice”, “eternal moral ” covers the key issues about Marxism viewpoint of moral, is the key to understanding it. There is a academic path that can not be ignore that the critique of “eternal morality” is placed in the ideological background of Marx and Engels's critique of the concept and abstractness of German classical philosophy, and considering the internal logic relation between “eternal morality” and “revolutionary consciousness” with “Analysis method”.

Keywords: The Engels; *Against Dulling's Theory*; Eternal Moral; Moral Babel; Criticism

在伍德与科恩之间*

——凯·尼尔森对马克思正义概念的辩护与阐释

王　静**

摘　要：在"马克思主义与正义"这一论题上，分析的马克思主义内部形成了"非道德主义"和"道德主义"相互对立的两派。凯·尼尔森既不满于"道德主义"的辩护路径，同时也难以接受"非道德主义"的结论。他站在历史唯物主义的立场上，着重剖析了伍德的非道德主义正义观和科恩的道德主义正义观，提出了基于语境主义的道德社会学和基于时间性辩证法的层级性辩证法，以试图融贯两派观点中合理的部分，从而对马克思正义概念给出一种科学的而又不拒斥道德的阐释方案。

关键词：马克思主义　正义　非道德主义　道德主义　道德社会学　辩证法

在当代英美学界，"马克思主义与正义"的论题使得分析的马克思主义内部形成了"非道德主义"和"道德主义"相互对立的两派。围绕"究竟马克思是否认为资本主义不正义，是否以正义或不正义的规范术语评价资本主义制度"这些问题，非道德主义一方最有影响力的是提出了著名的"塔克-伍德"命题，即：马克思并未提供一个具有规范结构

---

* 本文系国家社科基金重大项目"马克思主义伦理思想史研究"（17ZDA022）的阶段性成果。

** 王静，中央财经大学马克思主义学院副教授。

的正义理论，而是以一些非道德的善如自由、自我实现、共同体、解放的道德来代替正义批判资本主义，代表人物包括罗伯特·塔克、艾伦·伍德、理查德·米勒等。而道德主义一方则认为马克思的学说中存在正义、自然权利等道德的善，并且，马克思正是基于它们而批判资本主义的不正义，其中主要以G.A.科恩、乔·埃尔斯特、诺曼·杰拉斯、加里·扬等为代表。面对这一尖锐的分歧，凯·尼尔森不满于“道德主义”的辩护路径，当然也难以接受“非道德主义”的结论。在《马克思主义与道德观念》等著述中，尼尔森努力站在历史唯物主义的立场上，提出了基于语境主义的道德社会学和基于时间性辩证法的层级性辩证法，以试图融贯非道德主义和道德主义中合理的部分，对马克思主义的正义观给出一种科学的而又不拒斥道德的阐释。厘清凯·尼尔森的思路及其努力，对于深入把握马克思主义与道德的关系、发展马克思主义的正义理论具有重要的启迪意义。

一、对非道德主义正义观的反驳

1972年，艾伦·伍德发表了《马克思对正义的批判》一文，在英美学术界扔下了一枚重磅炸弹：资本主义并非不正义，马克思没有基于不正义而谴责资本主义，马克思根本上是批判正义的非道德论者。此后，伍德又陆续发表了《马克思论权利和正义：对胡萨米的回复》(1979)、《卡尔·马克思》(1981)、《正义与阶级利益》(1984)等论文和著作进行深入阐释。

伍德论证的基本逻辑在于道德本质上是受制于经济基础的虚假的意识形态。伍德指出，从马克思的历史唯物主义基本原理出发，正义作为道德的话语具有依附性，受制于经济基础，其实际内容由适应于一定的生产力的生产关系所决定。这一唯物主义起源决定了道德“唯一的合理功能就是支撑某种特定的社会秩序，为阶级利益提供掩饰”①。所以，

① 李惠斌，李义天．马克思与正义理论．北京：中国人民大学出版社，2010：102.

马克思认为判断一个经济交易或社会制度正义与否的标准不是某种法权、某种普遍原则，也不是其产生的结果，而在于其在特定生产方式中所起的作用和所发挥的功能。“只要与生产方式相适应，相一致，就是正义的；只要与生产方式相矛盾，就是非正义的。”① 从道德社会学出发，资本主义的剥削就不是一种不正义，即使这种剥削奴役对工人来说是凄惨的、不人道的，因为“资本主义对工薪工人的奴役乃是资本主义生产方式根本的、不可或缺的部分”②。既然正义是与特定生产方式相连的概念，那么就不可能有正义的“阿基米德之点”，就不能采用后资本主义的视角（无论是按劳分配还是按需分配）去批判资本主义不正义。任何试图这样做的行为本质上都诉诸了某种永恒的权利标准，这与历史唯物主义相背离。

在此基础上，伍德进一步指出，在马克思的文本中大量充斥着对正义的蔑视、对道德说教的反感，马克思怎么可能诉诸正义来谴责资本主义呢？在马克思看来，所有的道德都是虚假的意识形态，受制于阶级利益的意识形态本质上会扭曲我们对自己以及社会现实的理解。因此，所有正义原则的承诺，无论它们的形式与内容是什么，无论它们与之相联系的信仰的背景是什么，全都是“意识形态的胡言乱语”，是“陈词滥调的见解”③。不基于正义，那马克思基于什么批判资本主义呢？伍德说：“我同意胡萨米的看法，马克思对资本主义的谴责是建立在关于自我实现、共同体和自由等价值诉求的基础上。”④ 这些诉求是非道德的善，与权利和正义等道德的善不同，它们虽然受到现行的社会关系的影响，但并不由其决定，可以成为标尺评判资本主义。

既然“正义”不是规范性的，而是描述性的，且是关于普遍利益的虚假的意识形态话语，那么伍德自然得出其结论：正义是不必要的，甚至道德都是不必要的，它不能成为马克思主义分析、批判资本主义社会

① 马克思恩格斯文集：第 7 卷．北京：人民出版社，2009：379.

② 李惠斌，李义天．马克思与正义理论．北京：中国人民大学出版社，2010：35.

③ 同②28-29.

④ 同②93.

的依据。即使后来面对来自各方的批评声，伍德在“阶级利益命题”和“阶级利益论证”的基础上做了让步，承认存在某种独立于特殊利益之外的正义或公正的善，指出“阶级利益论证”的目的只是强调一旦这种正义或公正的善与无产阶级阶级利益发生矛盾，那么无产阶级利益具有优先性。这看似为正义留下了生存的空间，但根本上对正义仍持批判立场：“马克思自身的正义概念对正义是什么并没有赋予积极的评价，从而也因此避免了对无私或公正的任何诉求。”① 无产阶级要作为富有成效的历史参与者、行动者，就不能立足于不偏不倚的无私的善，不能把正义视为根本目标或关注点，而只能是阶级利益。

伍德的观点影响甚大，直接使正义面临着在历史唯物主义法庭面前为自己辩护的巨大挑战，而且还使马克思主义具有陷入不讲道德的虚无主义旋涡的潜在危险。面对伍德的论点，尼尔森表示：伍德的初心可以理解，方向也是对的，但是伍德的结论确实令人难以接受。伍德对正义的拒斥和批判只有同时坚持以下三条，才能前后一致地认为伍德的论证是充分的：（1）采取一种道德社会学的观点，将正义视为一种法权概念；（2）坚持认为一切正义话语（法权观念）都完全是意识形态的；（3）意识形态就是神秘化的、歪曲的，具有蒙蔽性。针对这三条及其背后的立场，尼尔森对伍德的非道德主义正义观展开了反驳。

一方面，尼尔森高度肯定了伍德对正义的道德社会学解读路径的合理之处——挖掘了阶级利益对正义的决定性作用，突出强调了“马克思在何种意义上反对道德”。伍德将正义与生产方式联系起来，指出了道德批判的局限性，有力地捍卫了马克思主义的核心原则，批判了将“分配正义”视为支撑马克思批判资本主义价值的流行做法，有利于避免将无产阶级革命建立在道德批判的基础上，从而退回到马克思批判的“真正的社会主义者”那种道德说教的乌托邦水平，同时也有利于刺穿将反映特定阶级利益的虚假道德粉饰美化为永恒的道德原则的资产阶级虚伪面纱。对此，尼尔森说：“我不是要表明伍德错误地理解了马克思，而

① Allen Wood. Justice and Class Interests. Philosophica，1984，33（1）：9-32.

是要表明，在有些地方，马克思并没有下结论，而伍德则过度地概括了他的基本观点。在其他地方，我对马克思的理解与伍德的理解是一致的。”①

另一方面，尼尔森指出，伍德基于马克思的意识形态观念、阶级、阶级利益和阶级冲突观念的论证理由并不能完全成立。

首先，正义的依附性并不能否定正义的合法性。正义不仅具有功能性，也具有规范性，这种规范性并不是如伍德认为的那样是与历史唯物主义冲突的，而是兼容的。针对伍德多次引用马克思《哥达纲领批判》中的“难道经济关系是由法的概念来调节，而不是相反，从经济关系中产生出法的关系吗”② 以及“权利决不能超出社会的经济结构以及由经济结构制约的社会的文化发展”③ 等文本来支持他自己关于法权无效的观点，尼尔森对此回应道：这里马克思并不是将我们的道德认识、价值判断牢牢拴在生产方式的大树上，不能超越既定的社会阶段，马克思仅仅是想强调一个既定社会占统治地位的权利原则由占统治地位的生产关系所决定。并且，一个真正的历史唯物主义者承认法权关系受制于经济关系，但是并没有因此而否认法权关系能够影响经济关系、上层建筑对经济基础具有反作用。所以，不能推测马克思认为正义无效，相反，在阶级斗争中道德信念可以合理地发挥某种适当的作用。

其次，尼尔森指出并非所有的政治思考或道德概念都像伍德所认为的那样必然是意识形态的。尼尔森通过重新界定意识形态的内涵和外延，驳斥了伍德的“意识形态的正义是不可信”的论据。

尼尔森指出，所有的意识形态都是上层建筑，但并非所有上层建筑都是意识形态。上层建筑包括意识形态和非意识形态两部分。所以，道德具有意识形态的倾向，但并不意味着道德一定就是意识形态，社会中存在一些道德公理如“受苦和堕落是恶、奴役是恶、不能使用自己的非破坏性力量是恶；快乐是善、仁爱是善、人的自主是善”等则属于非意

---

① 凯·尼尔森．马克思主义与道德观念．李义天，译．北京：人民出版社，2014：202．

② 马克思恩格斯文集：第3卷．北京：人民出版社，2009：432．

③ 同②435．

识形态的超历史的道德信念。因此，没有理由用意识形态的存在取消所有道德。

即使所有道德都是意识形态的，那么也并不意味着正义就因为其所具有意识形态的扭曲性、蒙蔽性而被取消。尼尔森重释了“意识形态”的内涵，指出“意识形态是一种关于理念、理论、信念、态度、规范和社会实践的体系，它们表现了阶级社会的特征，或是表现了在阶级社会中某个占主导地位的社会集团的特征，并且，它们主要是为某个阶级（尤其是阶级社会中的阶级）或某个占主导地位的社会集团的利益服务”①。这一定义与流行的观念相比，不仅加上了“社会实践”和“占主导地位的社会集团”，而且更关键的是在坚持“阶级利益”是意识形态的核心内容的基础上，强调了意识形态的标志在于“它服务或者回应了阶级利益”，“而不在于它的扭曲性或蒙蔽性”②。这本质是一种社会学的解读，它拯救了处于贬义位置的“意识形态”概念，使之成为非认识论的功能性概念。虽然意识形态可能具有扭曲性的倾向，但这并非一个必需的特征，它仍然可以如科学的理论一样不扰乱我们的认知。马克思主义只是通过“意识形态”概念揭示了道德的起源和作用。因此，我们不必因为正义之类的道德话语属于意识形态的建构，因而就必然是“虚假的社会意识”而拒斥它。如此一来，尼尔森通过打断道德与意识形态、意识形态与其扭曲性和蒙蔽性之间的连接符的两种方式解决了伍德在阶级利益命题和道德主义之间画的等号，从而也解决了“马克思道德观是否自相矛盾”的难题。

再次，尼尔森指出伍德据以批驳正义的最后的也是最坚固的堡垒——阶级利益命题和阶级利益论证也无法实现他的目的。阶级利益命题和正义并非水火不容，相反二者是融贯的。无产阶级利益是真正的正义。站在社会主义的立场上，没有必要必须在“追求无产阶级的阶级利益”和“追求无私的善”之间进行选择，因为“如果世界上有‘无私之

① 凯·尼尔森．马克思主义与道德观念．李义天，译．北京：人民出版社，2014：148.
② 同①149.

善’这种东西的话，如果它确实能够获得的话，那么，通过追求无产阶级的阶级利益，就是获得它的最好办法”①。也就是说，无产阶级的阶级利益与以往阶级利益根本的不同，就在于其代表了无私的善，因为无产阶级通过实现自身的解放可以达致人类的普遍解放。

最后，尼尔森得出结论：马克思并非反对所有的道德，只是反对以道德批判为基点展开革命实践，即马克思是一个道德主义者（moralist），而非道德哲学家（moral philosopher）；如果说马克思是一个非道德论者，只是基于马克思反对将资本主义道德理念抽象化、永恒化的特定立场，不能认为历史唯物主义摧毁了道德的客观基础；只有在道德社会学的层面，而非直接的、日常的意义上，才能看出塔克、伍德、艾伦与胡萨米、扬、科恩是存在分歧的，否则两派之间没有什么实质性区别。

二、对道德主义正义观的批判

持“马克思主义非道德主义”的学者对历史唯物主义和道德之间如何兼容提出了严峻挑战。为了洗脱马克思主义反道德论的嫌疑，另一些分析的马克思主义者试图拯救马克思主义的道德性，其中科恩有着重要贡献。

针对伍德突出阶级利益并以此拒斥正义的论据，科恩着重分析了道德的非意识形态性，并基于自然权利论证了正义的合法性。

科恩不像伍德那样谴责意识形态，相反却指出我们是不可能脱离意识形态而生活的。“制造和消费意识形态的倾向是人性的基本特性”②，阶级对抗的双方都需要意识形态对他们各自的行为进行合法化，否则阶级之间的对抗只能诉诸残酷的暴力。在此基础上，科恩进一步指出：“意识形态幻想的来源是阶级利益而不是概念上的错误，这种主张依赖

① 凯·尼尔森．马克思主义与道德观念．李义天，译．北京：人民出版社，2014：284．

② G.A.科恩．马克思与诺齐克之间：G.A.科恩文选．吕增奎，编．南京：江苏人民出版社，2007：39．

一个错误的对比。"[①] 从历史唯物主义出发，阶级利益确实是意识形态产生的动力，但是意识形态的虚幻性更多的是借助于概念的错误推理，而非阶级利益，因为"一种幻想不会控制一个反思性的心灵"[②]。"自由"就是这样一个充满了错误推理的概念。

相对于伍德主张的自由，科恩提出了"自然权利"为正义辩护，认为"自然（或道德）权利的语言是正义的语言"，"正义在革命的马克思主义信念中占据着一种核心的位置"[③]。自然权利并不仅仅是法律的权利，而且是依据道德所拥有的权利。在科恩看来，正义高于自由，虽然一些马克思主义者常常否认自然权利，但事实上，因为正义是关乎权利的，所以这是十分有利的道德武器，可以在诸多议题上更好地为社会主义辩护。如在福利国家的问题上，社会民主主义者面对纯粹的资本主义市场经济的不人道时，要求建立福利制度以实现正义，但却无法应对来自保守主义的反驳，后者声称福利制度不考虑正义、侵犯人们的权利，这比不做慈善、没有帮助他人要更加罪恶，因而，不能从自由市场的伤害中合理地推出自由福利国家符合经济。科恩指出，这时只需要强调资本主义最大的不正义就在于私人所有制，主张"社会化的状态不是在侵犯权利，而是在纠正对权利的侵犯"[④]，就能很好地避免社会民主主义者的主张沦为哀叹。

科恩认为伍德关于"资本主义不是不正义"的论证单一且毫无特色。既然伍德确实认为资本家实施了盗窃，那么根据盗窃的一般内涵即拿了不属于自己的东西，资本家占有了工人创造出的大于自身劳动力价值的剩余价值的盗窃行为就是不正义的，建立在这种盗窃基础之上的资本主义制度也就是不正义的。这种不正义的信念是跟马克思主义社会理论的核心因素联系在一起的，或者至少是不冲突的。所以，伍德关于

---

① G. A. 科恩. 马克思与诺齐克之间：G. A. 科恩文选. 吕增奎，编. 南京：江苏人民出版社，2007：39.

② 同①.

③ 同①44.

④ 同①45.

“资本主义对工人的剥削、不人道因为遵循公平交易原则没有侵犯他们的任何权利，因而不涉及正义”的结论是有问题的。科恩还指出，伍德之所以会否定剥削是不正义的，一个重要原因在于他“错误地理解了剥削事实及其在马克思那里的意义”①。

在尼尔森看来，科恩的自然权利正义论证确实发展出了一套非常简洁的反对方案，但事实上这种辩护带来的问题比解决的问题还要多。科恩太过于迷恋自然权利，在许多关键问题上是含糊不清的。与其说科恩提出了一种正义理论，不如说他只是阐释为何他不接受道德主义。

首先，尼尔森指出自然权利究竟是什么，科恩并未予以清楚地说明，其定义只不过是一种“低端的重新定义”②。尼尔森指出要论证自然权利，关键的是必须要回答“人之为人而具有的东西”即不依赖于法律规定、习俗传统以及有关“什么是正当”或“什么是道德要求”的惯常看法的东西，不依赖于某个特定社会的社会要求。科恩仅仅指出自然权利不是基于法律权利，实质上并没有提出更高的裁判和准则去衡量不同的社会要求，仍然是空洞无物的，这无法反对反道德实在论。即使科恩强调了自然权利的对应物——全体成员对生产所有权拥有自然权利，也不能完成自然权利的建构，因为，虽然这一自然权利是很重要的，但是它本质仍然是依赖的、派生的。尼尔森认为社会主义更重要的规范道德信念在于资本主义带来的苦难和对人的各种奴役，获得生产所有权只不过是为了达到解放人这一目的的手段而已，它本身不应该是自然权利的对象。所以，马克思主义者应当集中注意力，思考那些不必要的苦难、对自主和平等的破坏等内容，而不是放在这种比较成问题的自然权利概念上面。

其次，科恩对自然权利的论证存在很大缺陷，实际上是一种合理直觉主义，对此应该保持谨慎，而不是过于自信。历史唯物主义关于权利的主张容易成为意识形态的论述，我们的自我理解、权利的主张深深受

① G. A. Cohen. Review of Wood's Karl Marx. Mind New Series，92，1983，367（1）：440-445.

② 凯·尼尔森. 马克思主义与道德观念. 李义天，译. 北京：人民出版社，2014：295.

制于特定的生产方式的论述告诉我们，不能过分相信直觉。意识形态容易将人带入坑，具有“易错性”。科恩过于抬高道德理性之光，而低估了意识形态所施加的易错性。

再次，即使科恩能够对自然权利的概念进行修正，但要真正克服自然权利和道德的意识形态性之间的紧张关系，仍需要十分精心的说明和论证，以应对马克思主义有关意识形态、道德观念的阶级偏见的断言，科恩的辩护中是缺少这一环的。

最后，尼尔森指出，这种基于自然权利的为马克思主义道德主义辩护的方式十分陡峭，论证难度大，而且当他们在强调马克思是在基于正义和道德的立场批判资本主义时，将正义原则上升为道德大厦的基础，从而表现出历史唯心主义的倾向。与之相比，尼尔森认为实际上存在更为简单的方式，即基于道德社会学的路径。在这种路径中，不需要借助自然权利，也无须为自然权利保留一个位置。

三、与历史唯物主义相融贯的正义观

既然科恩关于马克思主义正义观的论证路径不成功，那尼尔森如何展开其辩护呢？总结各种以历史唯物主义拒斥正义的理由，无非基于以下几种：一是认为正义是意识形态的，而历史唯物主义强调意识形态是偏见，应被批判；二是认为正义等道德是受经济关系决定并制约的，那么这就意味着其失去了作为道德存在前提的能动性，从而被彻底瓦解；三是认为道德等在未来社会会消亡，所以正义不必要。因此，为马克思的正义观辩护，需要解决三个层面的基本问题：第一，正义的话语是否都是意识形态的；第二，马克思在何种意义上拒斥正义；第三，共产主义是不是正义的社会。为此，尼尔森发展了语境主义的道德社会学，在历史唯物主义领域为正义开辟了一块生存空间，消解了意识形态与正义之间的对立，解决了马克思关于“正义”看似矛盾的论述，回答了“正义是否可能”的问题；汲取了层级辩证法，并在加入时间辩证法的基础上，指出正义的视角是多重的，这多重的视角之间构成了一个复杂的层级，最高层次的正义就是马克思指出共产主义社会的按需分配，回答了“正义是什么”的问题，从而构建了与历史唯物主义相融贯的正义观。

第一，道德社会学视野下的正义不必被拒斥。

尼尔森在谈论“何谓正义”时坚持“被我们在特定时期判断为正义或不正义的东西，是跟当时的经济关系的发展状况相适应的”[①]。这是基于道德社会学的语境主义解读。语境主义的核心要义在于坚持经济基础决定上层建筑，因此，要谈论正义就必须立足于具体的历史环境，而非诉诸抽象的永恒真理。不同的阶级与不同的社会形态都有不同的正义标准。承认正义的多样性并不会滑向相对主义。相对主义指的是因个人主观意志改变而改变，而语境主义则是建立在道德客观性之上的，只是强调了正义不能随心所欲地改变，并未否定人的主观能动性，也未否定上层建筑的客观作用，上层建筑对经济基础也有反作用，在这里决定论与能动性是兼容的。

正义受物质条件的制约并不意味着正义就是扭曲的意识形态而应被拒绝，我们可以获得一种非意识形态的道德。在前面第一部分已经指出，尼尔森赞同伍德，认为马克思不是在道德认识论或本质论的层面谈论道德以寻求一种道德哲学，而是在社会学的层面解释道德的功能。马克思的历史唯物主义和意识形态理论并不拒斥道德，只是描述了“道德在阶级社会中通常会怎样发挥作用，道德在阶级社会中又会怎样广泛而普遍地影响到人们的生活”[②]。所以尼尔森指出自己在结论上是道德主义的，但是在方法上更接近非道德主义。循着道德社会学的思路，尼尔森改造了黑格尔的道德概念。他认同黑格尔关于道德与伦理的区分，但不赞同伍德的解读，指出要对伦理进行去神秘化的删改，即去掉“客观规范”和“理性的”成分。改造后的伦理是“由习俗所认可的一套制度以及，从文化上讲，深嵌其中的规范，通过它们，正在被讨论的这个社会秩序中的成员将履行他们所隶属的这个社会整体所提出的各种要

---

① 凯·尼尔森．马克思主义与道德观念．李义天，译．北京：人民出版社，2014：77.
② 同①306.

求"[①]。如此意义上的伦理是社会学意义上的，可以体现在任何社会中。

因而，正义不必然都是意识形态的；意识形态也不尽然都是歪曲的、蒙蔽的；马克思批判的是停留于道德说教；正义问题的求解根本地在于置身于具体的语境，既要看到正义与生产方式之间的本质联系，也要看到基于社会发展的正义原则的发展；上层建筑对经济基础具有反作用，因此，道德可以作为辅助性批判而存在，但不能代替阶级斗争。唯有如此，才不会背离历史唯物主义，才不会窒息马克思主义的生命与活力。这种语境主义的社会学的正义观是尼尔森比科恩的辩护更为成功，同时也比伍德更易实现对话和发展的地方所在。

第二，辩证法视野下的正义多重视角不会冲突。

尼尔森认为，之所以在正义问题上出现道德主义和非道德主义之争，表面的原因在于马克思关于道德的表述存在着明显的张力：一方面，他言辞激烈地拒斥道德为意识形态，具有虚假性，另一方面，大量的表达中又透着浓浓的道德评价，用言辞激烈的道德话语谴责资本主义，正是这种矛盾引发了马克思是否有一种道德理论的激烈争议；深层的原因则在于分析的马克思主义者对马克思主义的认识存在局限，某些方面背离了马克思主义的正统，他们"倾向于远离辩证法的话语方式"[②]，而"强调辩证法的生命力"恰恰是马克思主义正统的核心观念。从辩证法出发，尼尔森评价了斯蒂文·卢卡斯在《马克思主义与道德》一书中提出的正义的四重视角，并在其基础上进一步澄清了马克思主义正义观的内在结构。

卢卡斯指出，"马克思对待资本主义正义的观点，既是内在复杂的，又是被层级式地组织起来的"，在马克思那里至少容纳了四个层面的正义信念：（1）资本家和工人之间的关系是正义的，或至少不是不正义的；（2）这种关系是不正义的；（3）这种关系一方面是正义的，另一方面是不正义的；（4）这种关系既不是正义的，也不是不正义的。伍德强

① 凯·尼尔森．马克思主义与道德观念．李义天，译．北京：人民出版社，2014：316.

② 同①332.

调了第一种视角，这种视角关注的是法权观念如何合理化生产关系，是功能主义的视角；第二种视角是基于“按劳分配”这样的社会主义规范进行外在的批判，这是科恩强调的；第三种视角则是通过区分流通领域和生产领域，仍以正义为标准的内在批判，仅就资本家和工人之间的交易来看，资本主义是正义的，加入了背景条件和生产过程，则是不正义的；第四种视角是基于共产主义的外在的批判，认为正义和不正义的评价只是阶级社会的标志，共产主义社会是超越正义的。

尼尔森认为卢卡斯的四重分析“揭示了马克思关于资本主义正义与否的内在复杂性、多视角特征和层级式组织结构”①，具有显而易见的好处，即更好地与马克思的辩证法匹配。首先，它将马克思彼此互竞的正义评论变为了彼此互补，实现了融贯；其次，这种层级性辩证法反对任何完全中立、客观的阿基米德点的存在，但同时也避免了陷入相对主义，仍保持着道德的客观性；最后，这种分析是可错论的。但同时，尼尔森也指出了卢卡斯的正义观的两个根本局限：一是，他认为没有哪个视角享有特权或更充分，所有视角都同等，从而没有看到实际上“处于该层级结构顶端的视角要比其他较低层级所提供的视角更加充分（第四阶段所提供的视角就比第一阶段更充分）”②，事实上层级性辩证法需要以“那种有关整个生产方式及其社会形态的划时代转变的时间性辩证法”③ 为基础；二是，他认为第四阶段的视角是超越正义的，事实上，“在该层级结构的顶端并未达到‘超越正义’的境地，而是达到了正义概念层级的最高形式，后者告诉我们，一个日益更加公正的社会将是怎样的”④，也就是说共产主义社会实现了正义的最高层级。这样，尼尔森证明了在马克思主义正统观点中暗含着与之相融贯的前后一致的正义概念，用这种正义概念可以跨历史地评价整个社会形态。

---

① 凯·尼尔森．马克思主义与道德观念．李义天，译．北京：人民出版社，2014：339.
② 同①346.
③ 同①349.
④ 同①346.

第三，共产主义社会是正义的社会。

既然尼尔森认为共产主义社会达到了正义概念的最高形式，那其正义内容究竟是什么呢？尼尔森着重阐释了三点。

一是正义的最高诉求就是消灭阶级社会。尼尔森分析《哥达纲领批判》和《反杜林论》中马克思恩格斯关于平等的主张，在批判理查德·米勒的非平等主义观点中阐释了自己激进平等主义的正义观。他指出资产阶级与无产阶级正义要求的不同在于，前者要求的只是消灭阶级特权，而无产阶级要求的则是消灭阶级本身。平等不能只停留于政治和法律的层面，而要上升到社会-经济的层面，只有“消灭一个被分化为不同阶级的社会，并连同它们在权力上、在支配人们生活上的巨大不平等一块消灭”①，保证每个人都能被平等尊重地对待，才能真正实现平等。

二是共产主义不同阶段有不同的正义原则。在共产主义早期阶段，只能实行按劳分配；到了高级阶段，正义原则转化为按需分配。按劳分配仍然是一种不平等的权利，客观上这是由经济社会发展水平所决定的。在共产主义早期阶段，我们必须要与陈旧的传统势力在每个步骤上做斗争，这个时候的平等必然还要打上资产阶级平等的烙印，因而只能按劳分配。到了共产主义社会，需要代替了劳动量成为平等的衡量标准，这是继政治的、司法的不平等被消灭后的消灭了经济社会不平等的真正平等。正义是一个解放的概念，共产主义更优越就在于它更自由、更有助于人的自我实现以及人的需要的最大满足。尼尔森指认“按需分配”是真正的正义，“这是一种关于如何关注社会分配行为的深层次的根本理念，它抓住了我们对于什么是真正的公平从而什么是正义的根本理念”，其基本精髓在于“在充裕的条件下，我们应该以彻底平等地分配我们社会的利益和负担为目标，从而让每个个体的需要都能得到最大满足”②。

三是正义原则不会因阶级社会的消灭而消亡。尼尔森还勾勒了无阶

---

① 凯·尼尔森. 马克思主义与道德观念. 李义天，译. 北京：人民出版社，2014：89.

② 同①116.

级社会的正义原则存在的必要性。他指出，消灭阶级实现了真正的平等，但不是所有的不平等就随之消失了，有些不平等和消灭阶级差别没有多大关系，“它们无法取消，我们也不应该试图取消它们”[①]，比如体格、外貌的差异，选择配偶的自由。这些不平等是没有害处的不平等，是应该为之欣喜的不平等，因为它带来了文化的丰富性，我们只能尽量降低其负面效应。因此，即使阶级社会被消灭了，依旧需要正义原则协调社会关系。就如国家消亡了，但是国家的某些管理职能还将保留。正义的讨论也是如此，涉及阶级冲突的正义消失了，但是具体生活领域的正义还将继续存在。

可以说，尼尔森在马克思主义内部为正义开拓出了一块生存空间，并对共产主义社会的正义原则进行了有益探索，为我们进一步激发马克思主义的理论活力提供了富有启迪性的研究范式。

Between Allen William Wood and G. A. Cohen—Kai Nelson's Defense and Interpretation of the Concept of Marxism

Abstract: On the topic of “Marxism and justice”, there are two opposing schools of “Marxist Moralism” and “Marxist Immoralism” in Analytical Marxism. Kai Nelson is not satisfied with the defense path of “Moralism”, but also hard to accept the conclusion of “Immoralism”. He stands on the position of historical materialism, emphatically analyses the views of Allen William Wood and G. A. Cohen, and attempts to melt the reasonable parts of them to put forward a moral analytical mode of contextualism and hierarchical dialectics and gives a scientific interpretation of Karl Marx's view of justice without lapsing into Marxist antimoralism.

Keywords: Marxism; Justice; Marxist Immoralism; Marxist Moralism; Sociological Moral

---

① 凯·尼尔森. 马克思主义与道德观念. 李义天，译. 北京：人民出版社，2014：90.

域　外

异化：道德概念抑或经济学概念？*

塞耶斯 著/李 旸 译**

摘　要：在诸如阿尔都塞和分析的马克思主义者等当代马克思主义研究者那里，异化被认作一种纯粹的道德范畴，一个马克思在思想成熟后加以抛弃的人道主义概念，一个科学的马克思主义理论不应保留的黑格尔式的术语。本文将论证，异化是一个具有经济学维度的概念，它不仅贯穿于马克思思想的始终，而且对于理解马克思的经济学思想和资本主义批判起着关键作用。

关键词：异化　道德　经济学

异化是现代生活的普遍特征。它是马克思主义理论中为数不多的成为日常生活用语的术语之一，它通常表征一种不适或无意义的模糊感觉。然而在马克思那里，这一术语有着源自黑格尔哲学的确切含义，它在马克思的经济和社会思想中起着重要作用。对马克思而言，异化意指这样一种状况：我们自身的活动或产品表现为一种不依赖于我们并与我们相

---

* 本文系国家社科基金重大项目"马克思主义伦理思想史研究"（17ZDA022）和北京市社会科学基金项目"马克思公平正义思想及其当代价值"（14ZXC016）的阶段性研究成果。

** 肖恩·塞耶斯（Sean Sayers），英国肯特大学哲学系荣休教授，当代英美新黑格尔主义的马克思主义代表人物、"马克思与哲学协会"联合创始人、《激进哲学》《马克思与哲学书评》创办人，其著作《黑格尔、马克思与辩证法》（1980）、《马克思主义与人性》（1998）、《马克思与异化》（2011）等在学术界颇有影响；李旸，哲学博士，北京大学马克思主义学院讲师。

对立的形式[①]。在马克思那里，异化并非只是一种主观感受或现象，而是一种客观的社会和历史状况。

一、关于“异化”的论争

马克思对于异化的探讨在其早期著作中最为显著和清晰，特别是在明显受到黑格尔哲学影响的《1844年经济学哲学手稿》中。马克思的早期著述在其著作中的地位以及马克思与黑格尔之间的关系一直是充满争议的问题。尽管马克思本人曾特地强调他对于黑格尔的忠诚[②]，但他早期的追随者们却很少承认这一点。特别是在斯大林时期，当时流行的是一种机械主义和经济主义的阐释，而黑格尔主义的马克思主义者（诸如卢卡奇、科尔施、葛兰西等）的思想则几乎不受重视。

《1844年经济学哲学手稿》也经历了相同的命运。这部手稿在马克思生前并未出版，直到1932年才在莫科斯首次面世。苏联当局对这部手稿充满质疑，认为它是马克思仍过分受到黑格尔影响并还未形成成熟的经济学和历史唯物主义理论的青年时期著作。许多马克思主义者也持相同的态度，使得这部手稿鲜少被讨论。1953年斯大林去世后，事情很快发生变化。马克思早期著作的英译版及欧洲其他语言的译本逐渐出版，并迅速成为焦点，被用来批判之前作为共产主义正统的机械主义和经济主义的马克思主义。这部手稿受到东欧、西欧和北美的人道主义的马克思主义者以及新左派思想家们的高度赞扬，被称为“最新披露的马克思思想的人道主义的、伦理的一面”[③] 的证据。但这些主张随即又遭

---

① 英语中的异化（alienation）一词是对马克思的著作中 Entfremdung 和 Entäuβerung 这两个德文词的翻译。没有明确证据表明马克思用这两个德文词意指不同的概念范畴，因此我将与其他英文作者一样，对这两个词不做区分。

② 马克思恩格斯全集：第44卷．2版．北京：人民出版社，2001：22.

③ Robert C. Tucker. Philosophy and Myth in Karl Marx. Cambridge: Cambridge University Press, 1961; Erich Fromm. Marx's Concept of Man. New York: Frederick Ungar, 1963; Adam Schaff. A Philosophy of Man. New York: Monthly Review Press, 1963; L. Kolakowski. Main Currents in Marxism. 3rd vol. translated by P. S. Falla. Oxford: Oxford University Press, 1978: ch. 13.

到强烈质疑，其中以阿尔都塞的挑战最有影响力。许多质疑者认为不应将焦点放在马克思著作中黑格尔式的、伦理的主题上，而应回到他的政治经济学和历史观点。然而，由于阿尔都塞迫切地想从马克思主义中抹去黑格尔主义的痕迹，他走向了另一个极端。他认为，马克思早期以异化概念为核心的著作中的黑格尔式的伦理观念与他成熟时期的“科学的”和唯物主义的理论之间存在着一种根本的断裂，一种认识论的断裂[①]。人道主义成为一种误用的术语。从这一视角来看，异化这一道德或伦理概念在马克思主义经济学的解释中没有任何作用。英语世界近年来非常有影响力的一个学派——分析的马克思主义——也对马克思主义中的黑格尔主题和异化概念抱有同样强烈的敌意（尽管基于不同的理由），这一点甚至已成为这个学派的定义性特征[②]。

当前，论争中的政治纷扰已基本澄清，那种认为马克思的早期与成熟时期的思想之间存在明显断裂的观点已越来越站不住脚。就连阿尔都塞本人也放弃了这一观点，并逐渐认识到马克思的著作中贯穿着黑格尔式的主题[③]。就异化概念而言，虽然马克思在其成熟时期的著作中的确较少用到这一术语，但异化概念却始终是贯穿马克思思想的一个特征。在《政治经济学批判大纲》[④] 这部著作中可以清楚地看到，马克思不仅大量使用异化概念本身，而且还使用含有异化意涵的语句。异化概念如同一个“缺失的环节”，它向我们揭示，在马克思转而尝试寻求一种合宜的思想表达形式的做法背后还存在着一种更深层的连贯性[⑤]。

---

① Louis Althusser. For Marx. London：Allen Lane，1969.

② G. A. Cohen. Karl Marx's Theory of History：A Defense. Oxford：Clarendon Press，1978；John E. Roemer. ed. Analytical Marxism. Cambridge：Cambridge University Press，1986.

③ Louis Althusser. Philosophy of the Encounter：Later Writings (1978－1987). London：Verso，2006：211，258；John Roche. Marx and Humanism. Rethinking Marxism，2005 (17)：335－348；David McLellan. Marx's Grundrisse. St Albans：Paladin，1973：Introduction.

④ 原文是德文词 Grundrisse，即 Grundrisse der Kritik der politischen Ökonomie 的缩写，直译即《政治经济学批判大纲》，对应马恩全集中文版中的《政治经济学批判（1857—1858 年手稿）》。——译者注

⑤ David McLellan. Marx's Grundrisse. St Albans：Paladin，1973.

在过去的50年中，阿尔都塞主义和分析的马克思主义主导着马克思主义哲学研究，从而使得异化这一主题，特别是异化与马克思主义经济学思想之间的关系很少受到关注。这是非常不幸的。那些试图在不提及黑格尔的情况下来理解马克思哲学的做法导致了对马克思早期和成熟时期著作的严重曲解。即便是在马克思的早期著作中，异化也并非仅仅是一个道德范畴，它在马克思最初尝试从社会和经济角度来分析资本主义的过程中起着关键作用。马克思并没有随着思想的发展而抛弃这种分析，相反，他在后续著作中对其加以深化和细化，并从经济学的角度予以细致说明。

二、马克思早期著作中的异化思想

马克思早期著作中对异化最完备的阐释出自《1844年经济学哲学手稿》中关于“异化劳动”的章节。劳动有时被认为是马克思使用异化范畴的主要和唯一领域，但事实并非如此。马克思指认过诸多领域里的异化现象，包括宗教、政治、社会和经济关系等。在最早期的著作中，他将宗教作为异化的核心范例。他说：“**人创造了宗教**，而不是宗教创造人”[①]，但是我们所创造的神却成为评判我们的敌对的独立存在物。

从1844年起，马克思日益转向对经济学的研究，《1844年经济学哲学手稿》是马克思首次尝试研究亚当·斯密、詹姆斯·穆勒等古典政治经济学家思想的著作。它代表着马克思思想中的一个重要转折。他的异化劳动概念常常被认为描述了一种纯粹主观的状况，一种在劳动中缺乏满足感的状况。然而，马克思本质上是用这一概念分析在资本主义条件下人的产品如何表现为一种独立于人的、与人相敌对的形式。在马克思看来，劳动是人的类本质，是人区别于其他物种的活动。动物受个体的欲望和本能驱使，只能直接消费现成的自然；而人则是社会性的存在物，通过劳动来改造现成事物并满足自身的需求。劳动是人特有的、社

① 马克思恩格斯全集：第3卷. 2版. 北京：人民出版社，2002：199.

会性的活动，人通过劳动自我发展和自我实现。人在劳动中“作用于他身外的自然并改变自然时，也就同时改变他自身的自然”①。然而，在异化条件下，劳动被降低为一种动物特性，失去了人的独特特征，沦为一种满足个体物质需求的纯粹手段。因此，马克思批判古典经济学家将劳动的这种异化形式作为劳动的普遍特征。这些观念源自黑格尔哲学，但马克思做了进一步发展并赋予其一种批判维度②。

主流古典经济学将劳动视作一种满足个体需求的个体活动，虽然它也可能在人的互相关系中发生，但这些关系被视作纯粹偶然的。而在马克思看来，人类在本质上是社会性的。劳动作为一种人类活动，必须在社会关系的框架中才能发生。通过劳动，我们不仅创造出物质产品，而且生产和再生产我们的社会关系。社会和经济关系作为我们劳动的产品，我们应当能够将其视为对自身力量和能力的确证。但是，在异化条件下，这些关系变得独立于人，并与人相对立。个体是原子化的，经济力量则按自身逻辑运行，遵循自身的所谓客观规律。这是异化的深层表现，即人与人相异化。这是经济学看待个体和经济的常见方式。但是，个体并非单独的原子，而经济规律亦不同于自然规律，它是社会的产物，其具体内涵依特定的社会形式而不同。主流经济学将特定社会的异化特征表述为一种客观的、普遍的经济形式。正是在这一意义上，马克思的政治经济学批判与他对于经济学家的劳动范畴的批判是一致的。

三、马克思后期对异化思想的发展

马克思在其后期的经济学思想中并没有抛弃这些观点，而是对其进行发展和扩充。从他在《资本论》中对抽象劳动概念和拜物教思想的阐释上可以清楚地看到这一点。这些概念不仅不构成一种断裂，反而是对

① 马克思恩格斯全集：第44卷. 2版. 北京：人民出版社，2001：208.

② 关于马克思与黑格尔之思想关系的详尽论述，参见 Sean Sayer. Marx and Alienation: Essays on Hegelian Theme. Basingstoke and New York: Palgrave Macmillan, 2011。

马克思早期著作中关于异化劳动的观点的细化和丰富。

根据马克思经济学思想的核心——价值理论，商品有两种属性：使用价值和价值（或交换价值）。创造这些价值的是两种不同的劳动。创造使用价值的劳动是具体劳动。不同形式的具体劳动创造出完全不同质的、用以满足不同需求的产品。然而劳动产品注定要进行交换，那么创造产品的劳动便创造出可被用来等价交换的某种价值。在马克思看来，当产品中所包含的劳动量相等时，价值便达到相等。这种价值关系中所涉及的劳动，被马克思称作“抽象的”“同质的”“社会劳动”。这种劳动是一种生产价值的纯粹手段，它不关心具体生产出的特定产品。这里所说的抽象并不仅仅是概念上的抽象。马克思强调，“这是社会生产过程中每天都在进行的抽象”①。只有在商品经济成为普遍形式的条件下，亦即在资本主义社会中，这种抽象才会发生。“对任何种类劳动的同样看待，适合于这样一种社会形式，在这种社会形式中，个人很容易从一种劳动转到另一种劳动，一定种类的劳动对他们说来是偶然的，因而是无差别的。这里，劳动不仅在范畴上，而且在现实中都成了创造财富一般的手段，它不再是同具有某种特殊性的个人结合在一起的规定了。”②

马克思指出，使用价值与价值的分离可追溯到最初的交换行为，但是只有当资本主义商品经济占主导时，它才达到其完全成熟的形式。“在一切社会状态下，劳动产品都是使用物品，但只是历史上一定的发展时代，也就是使生产一个使用物所耗费的劳动表现为该物的‘对象的’属性即它的价值的时代，才使劳动产品转化为商品。”③ 在柏拉图和亚里士多德时期，使用价值与价值、具体劳动与抽象的区分已在社会上开始显现，但是具体劳动和使用价值的生产仍然是主导的生产形式。柏拉图将手工劳动和赚取金钱视作两种完全独立且不同的活动，并认为工人的恰当活动在于精进技艺而非赚取金钱。亚里士多德将这一区别明

① 马克思恩格斯全集：第31卷. 2版. 北京：人民出版社，1998：423.
② 马克思恩格斯全集：第30卷. 2版. 北京：人民出版社，1995：45-46.
③ 马克思恩格斯全集：第44卷. 2版. 北京：人民出版社，2001：77.

确地表述为使用价值与价值的区别，并认为产品的价值在于其恰当的用途。“每一个物品都有双重用途，比如，鞋可以用来穿，或用来交换，这都是鞋的用途。即便一个人将鞋给予需要鞋的另一个人并得回用以交换的金钱或食物，他仍是将鞋作为鞋来使用的。但这不是对鞋的恰当使用，因为鞋并不是专门为了交换的目的而被生产出来。”① 随着资本主义的发展，商品生产日渐成为主导形式。大多数生产并非直接指向使用价值而是指向交换价值。交换价值胜过使用价值，抽象劳动胜过具体劳动，作为某种外在目的之手段的劳动成为主导的劳动形式。相反，劳动则呈现为雇佣劳动的形式，即为了赚取工资而进行的劳动，而产品被剥夺了质的规定性，仅仅成为某种用来交换的、具有价值的东西。

这些分析与马克思在《1844 年经济学哲学手稿》里以“异化劳动”为标题的章节中所做的分析如出一辙。并且他在后续的著作中也以“抽象劳动”为标题说明了这一现象。特别是在《〈政治经济学批判〉导言》和《资本论》第一卷中谈到价值理论时，抽象劳动的概念得到完全发展。在《政治经济学批判大纲》中，马克思早期关于异化劳动的思想与后期的抽象劳动概念之间的关联最为明显，例如，马克思这样说道：“工人劳动的规定性对于工人本身是全无差别的；这种规定性本身是工人不感兴趣的，只要是**劳动**，并且作为劳动对资本来说是使用价值就行。充当这种劳动——对于资本来说是**使用价值**的劳动——的承担者，这就是工人的经济性质；他是同资本家对立的**工人**。手工业者、行会会员等等的性质就不是这样，他们的经济性质恰恰在于他们的劳动所具有的**规定性**以及他们同**一定的师傅**所发生的关系等等。因此，这种经济关系——资本家和工人作为一种生产关系的两极所具有的性质——随着劳动越来越丧失一切技艺的性质，也就发展得越来越纯粹，越来越符合概念；劳动的特殊技巧越来越成为某种抽象的、无差别的东西，而劳动越来越成为**纯粹抽象的活动**，纯粹机械的，因而是无差别的、同劳动的特

① Aristotle. The Politics. translated by T. A. Sinclair and revised by T. J. Saunders. Harmondsworth: Penguin, 1981: 1252-1281. 与此相连，亚里士多德区分了获得物品的自然方法和非自然方法。

殊形式漠不相干的活动”①。

经济和社会关系也呈现出一种异化形式，即一种独立的、敌对的形式。马克思形象地描述了这种现象：“这个曾经仿佛用法术创造了如此庞大的生产资料和交换手段的现代资产阶级社会，现在像一个魔法师一样不能再支配自己用法术呼唤出来的魔鬼了。”② 在《政治经济学批判大纲》中，马克思再次清楚地揭示了经济关系的异化形式与劳动的异化形式之间的关联。“不管活动采取怎样的个人表现形式，也不管活动的产品具有怎样的特性，活动和活动的产品都是**交换价值**，即一切个性，一切特性都已被否定和消灭的一种一般的东西。……活动的社会性质，正如产品的社会形式和个人对生产的参与，在这里表现为对于个人是异己的东西，物的东西；不是表现为个人的相互关系，而是表现为他们从属于这样一些关系，这些关系是不以个人为转移而存在的，并且是由毫不相干的个人互相的利害冲突而产生的。”③

在《资本论》中，马克思在“商品拜物教”这一节里分析了异化的经济和社会关系。交换价值成为一种近乎客观的存在，显现出客体的属性。经济关系呈现为如同经济规律一般看似客观的、独立的形式。社会关系则表现为物与物关系的拜物形式。主流经济学将经济规律视作如同自然规律一般客观和永恒。但在马克思看来，它们是由资本主义社会特定的社会和历史条件所创造的，且随着社会条件的变化能够被改变。认为经济关系和规律是历史的、具体的，并不意味着它们是一种主观的或纯粹观念化的社会现象，而是说经济关系是一种客观的社会和历史现象，“这种种形式恰好形成资产阶级经济学的各种范畴。对于这个历史上一定的社会生产方式即商品生产的生产关系来说，这些范畴是有社会效力的、因而是客观的思维形式”④。因此，这些范畴并不是普遍的。主流经济学家所描述的那种经济关系实际是伴随着商品经济成为主导形

① 马克思恩格斯全集：第30卷．2版．北京：人民出版社，1995：254－255.

② 马克思恩格斯文集：第2卷．北京：人民出版社，2009：37.

③ 同①106－107.

④ 马克思恩格斯全集：第44卷．2版．北京：人民出版社，2001：93.

式才产生的[1]，而当将来资本主义生产关系不再是经济生活中的主导形式时，这些经济关系也将停止运行。

四、异化与资本主义批判

异化概念是马克思批判资本主义的基础。尽管马克思对资本主义的批判具有一种道德维度，但这并非其主要特征，甚至在早期著作中亦如此。因而异化概念的主要意义并不在于道德批判，其主要目的是对资本主义经济形式的性质进行分析。资本主义经济形式的影响并非全然是消极的，而是更为复杂和矛盾，但如果从道德角度解读马克思的资本主义批判，则往往得出它是全然消极的结论。马克思从历史的、辩证的角度理解资本主义的作用，因此他对资本主义的批判是一种历史的批判而非道德的批判。

在马克思看来，前资本主义社会中的劳动形式，比如手工劳动，无论在内容上还是范围上都是有限的。在资本主义生产关系获得发展之前，经济生活仅仅发生在家庭中，发生在个人和当地的关系中。虽然资本主义的发展意味着使人们从旧的关系中脱离出来并从属于一种包含抽象和异化的劳动形式和社会生活的新经济关系，但这些发展的影响并非全部是消极的。在资本主义发展过程中，人们从自然和直接的关系的局限中解放出来，他们的活动和关系变得更广、更普遍，而通过这些，他们获得了新的能力，并且在个性、自我意识和自由等方面得到提升。这并不是说，异化是一种令人满意的状况，它当然是压抑和痛苦的。然而，虽然异化包含着不幸和痛苦，但这些消极的方面本身又带来了克服其自身的力量。由此可见，资本主义的异化和抽象劳动并非纯粹是消极

---

① 在马克思那里，关于异化是不是资本主义特有的这一问题具有一定的模糊性。马克思有时似乎认为异化是所有阶级社会的特征。但是，他在《1844年经济学哲学手稿》中的论述和其后关于拜物教与抽象劳动的阐释显然表明，异化是资本主义所特有的。对此的详尽讨论，参见 Sean Sayer. Marx and Alienation：Essays on Hegelian Themes. Basingstoke and New York：Palgrave Macmillan，2011：footnote 87。

的，它们在人类发展的过程中也起着积极作用。马克思对它们的评价并不仅仅是一种道德谴责，而且是历史的。较之于更早的社会关系，异化是一种积极的发展；但是在克服异化的条件成熟时，它又成为消极的、历史发展的障碍。

这些辩证的、黑格尔式的主题在马克思对异化的阐释和对资本主义社会的批判中非常关键。但这些主题在当代关于马克思思想的讨论中却常常被忽视甚至拒斥，例如马克思思想的黑格尔方面被阿尔都塞彻底拒斥，也被分析的马克思主义者所无视①。克服异化，意味着对我们的生产活动和经济生活重新获得掌控。这一目标并不能依靠退回到使用价值的直接生产而得到实现。一些受到亚里士多德影响的思想家或绿色浪漫主义者有时会这样暗示②，但是这样的倒退在今天不仅是不可能的，也是不值得追求的，它忽视了由经济发展所带来的物质的和道德的进步。马克思主义所设想的是，随着经济发展，终将创造出异化能够被克服的条件，即联合起来的生产者对经济实现社会占有。那个时候，经济生活将不再呈现异化的、与人相对立的形式。这并不是说要完全消除交换或抽象劳动的作用，而是对于生产和交换的社会组织和控制，将使我们能超越使用价值从属于交换价值、商品经济成为经济生活主导的情形，并最终消灭商品拜物教。

综上所述，异化概念及其在拜物教和抽象劳动中的意涵包含着社会、道德、政治和经济等方面的广泛主题，最重要的是，它在马克思的经济学思想中起着根本作用。

Alienation: An Moral Concept or An Economic Concept?

Abstract: In the research of modern theoreticians such as Althusser

① 例外的是，科恩对这些主题做了精彩的阐释（G. A. Cohen. Karl Marx's Theory of History: A Defense. Oxford: Clarendon Press, 1978; The Dialectic of Labour in Marx. History, Labour, and Freedom. Oxford: Clarendon Press, 1988: 183-208)，但不幸的是，他选择的分析路径所带有的反历史和反黑格尔主义的预设冲淡了他对这些主题的自觉。

② Alasdair MacIntyre. The Theses on Feuerbach: A Road Not Taken//The Macintyre Reader. edited by Kelvin Knight. Cambridge: Polity Press, 1998: 223-234; André Gorz. Critique of Economic Reason. London: Verso, 1989.

and analytical Marxists, alienation was considered as a pure moral concept, a humanistic concept that had been abandoned in later Marx, and a Hegelian term that should no longer exist in a scientific Marxist theory. This essay aims to argue that alienation is an economic concept which exists throughout Marx's thought and it is crucial to understand Marx's economic theory and critique of capitalism.

Keywords: Alienation; Morality; Economics

马克思与美好生活*

乔纳森·沃尔夫 著/王银春　王　蕊 译　齐艳红 校对**

摘　要： 文章通过考察马克思四种类型的文献资源，其中一个关键的来源是《穆勒评注》，来寻找马克思关于美好生活观念的文本证据，发现包括与生产性工作相关的四个要素：(1) 人类可以通过生产活动并体验他们所生产出来的产品，来表达以及思考他们自己的个性；(2) 通过他人对我生产的产品的使用，我获得了他人对我满足人类需求的某种肯定；(3) 我还将和人类共同体中的其他成员联系起来；(4) 在我与他者的联系过程中，我将会证明我也是人类共同体中的一部分。此外，马克思认为富有成效的、展现个体才华的、孤立的或个体的创造性工作也是一种美好生活。最后，通过考察马克思的个人生活发现，与所爱之人

* 本文是由乔纳森·沃尔夫（Jonathan Wolff）教授在清华大学马克思主义学院、中国人民大学哲学学院、南开大学马克思主义学院、东华大学马克思主义学院多地演讲的演讲稿翻译而成。

** 乔纳森·沃尔夫，牛津大学布拉瓦尼克政府学院公共政策系主任、教授，马克思主义领域的顶尖学者，世界著名政治哲学家，英国皇家艺术学会会员，原伦敦大学学院艺术与人文学院院长。研究兴趣主要在马克思主义哲学、政治哲学、伦理与公共政策等方面。著有《罗伯特·诺齐克：财产、正义与最小国家》(1991)、《21世纪为什么重读马克思》(2002)、《伦理与公共政策》(2011)、《政治哲学导论》(2015)，还与他人合著了《政治思想》等。王银春，东华大学马克思主义学院副教授，英国伦敦大学学院（UCL）访问学者，研究领域聚焦在马克思主义政治哲学、全球正义、慈善伦理文化；王蕊，南开大学哲学学院博士研究生。齐艳红，南开大学哲学学院副教授，牛津大学访问学者（2017—2018），主要研究领域为国外马克思主义哲学、政治哲学。

保持亲密以及紧密的关系也是马克思的美好生活观念。

关键词：马克思　文本证据　美好生活　生产活动　人类共同体

一、导言

在英美哲学中，如何从正义的角度出发，最为恰当地理解马克思对资本主义和共产主义的态度，在学术界引起了广泛的讨论。评论家指出，马克思在其出版的著作中，既避免从不正义的角度批判资本主义，也避免从正义的角度赞扬社会主义和共产主义。当他明确地讨论正义问题时，他是在揭露权利理论（《〈黑格尔法哲学批判〉导言》）或平等理论（《哥达纲领批判》）方面的理论局限的背景下展开的，为此他用"空洞的词句是随便怎么摆弄都可以的"① 这种表达表明自己对道德批判的空洞和模糊性的蔑视。对马克思恩格斯来说，科学社会主义和空想社会主义的关键性区别是，空想社会主义依赖于道德批判，而科学社会主义则建立在对社会的科学分析基础之上。

然而，正如许多评论家所指出的那样，马克思的著作充满了对资本主义的道德批判。像"剥削"或是"异化"这些关键概念都不是道德中立的，他把资本主义比喻为"抢劫"和"贪污"，而把资本家们比喻为"吸血鬼"。他对资本主义条件下童工境遇的描述虽然是客观的，但却充满了道德愤慨，甚至他选择详尽讨论的那些议题都表明了某种道德关切。在《资本论》第一卷中的一段代表性文字说明了马克思对资本主义的整体控诉："在资本主义制度内部，一切提高社会劳动生产力的方法都是靠牺牲工人个人来实现的；一切发展生产的手段都转变为统治和剥削生产者的手段，都使工人畸形发展，成为局部的人，把工人贬低为机器的附属品，使工人受劳动的折磨，从而使劳动失去内容，并且随着科学作为独立的力量被并入劳动过程而使劳动过程的智力与工人相异化；

① 马克思恩格斯文集：第 3 卷. 北京：人民出版社，2009：430. ——译者注

这些手段使工人的劳动条件变得恶劣，使工人在劳动过程中屈服于最卑鄙的可恶的专制，把工人的生活时间转化为劳动时间，并且把工人的妻子儿女都抛到资本的札格纳特车轮下。”①

尽管资本主义以非正义的方式对待工人，马克思却为什么不说资本主义是不正义的，以及如何合理地解释那些类似于上述段落的文本，针对这些问题，已经涌现大量研究文献。然而，这不是我要讨论的主题。我相信所有解释者至少在一点上是一致的：马克思认为人类不应当按照他那个时代的资本主义生活方式而生活，工人们没有过上“美好的人类生活”。这引发了我在本文中的思考。马克思认为美好的人类生活是怎样的？如何才能过上美好的人类生活？

二、方法论

正如马克思感兴趣的许多其他哲学领域一样，他并没有具体明确地讨论人类美好生活这一主题。因此，我们需要思考这样一个问题，我们能够为马克思的人类美好生活观点找到哪些文本证据？我认为至少有四种类型的文献资源值得考虑：

第一，马克思本人明确的陈述。他阐明的一些要素至少部分地包含关于什么是美好生活的说明。例如，在《穆勒评注》（“On James Mill”）一文中，早期某些段落就是这种类型文献的重要来源，《德意志意识形态》中的一些段落也是如此。我稍后会谈到这点。

第二，也是马克思的陈述。在这里，他对资本主义制度的弊病说明，在上文引用的《资本论》中的那段话是一个典型案例，当然也包括他早期关于异化劳动的著作。关键在于，通过观察马克思所否定的因素，我们或许可以从中得出一些关于他肯定的东西的重要线索。

第三，马克思著作中的间接证据。我们可以考察马克思关于其他主题的评论，看看它们是否暗含了他对美好生活的看法。此外，几乎所

① 马克思恩格斯文集：第5卷．北京：人民出版社，2009：743．——译者注

有马克思的读者都会注意到，马克思经常依据文学，尤其是戏剧和诗歌推进他的思想。例如，在早期《1844年经济学哲学手稿》中关于“货币”的著名讨论就引用了歌德和莎士比亚的话，而且马克思自己的立场也是出自对莎士比亚的相关阐述。《资本论》充满了对柏拉威尔（S. S. Prawer）所谓“世界文学”的参考，尽管如同马克思的很多其他作品一样，它只是欧洲的，而并非真正全球性的。关于我们可以从这种类型的文献来源获得多少有价值的资料的问题，我们后面再讨论，但我的观点是，马克思对文学的兴趣使他认为创造和欣赏伟大文学成就和作品本身就是美好生活的一部分。

第四，也是最具争议之处。随着传记作家们对马克思的书信、他同时代人的相关报道记录，尤其是对一位专门向普鲁士政府报告马克思行踪的普鲁士秘密警察的叙述所进行的详细研究，人们现在对马克思的生活产生了浓厚的兴趣。不言自明的是，如果将马克思个人生活方式的方方面面，都视为他关于如何过上美好生活的强有力证据，显然是错误的，但这里面的确存在值得考虑的相关因素。

那么，我的方法论就是考察这些不同的证据资源，这反过来又会引导我们从若干个不同的议题来考察马克思关于美好生活的阐释。在马克思看来，美好的人类生活关键在于与他人互动交往的程度。我认为，对马克思而言，有证据表明与他人的关系对美好的人类生活具有绝对内在性，与此同时，他也强调了个人创造力和生产的重要性。最后，作为方法论上的观察，我将把马克思所有的著作——早期和后期的，出版的和未出版的——都作为证据来源。与特瑞尔・卡弗（Terrell Carver）的观点一致，我将会对马克思著作中的一段话提出疑问，除此之外，我将不打算考察随着时间的变迁，马克思是否改变过他关于美好生活的看法。

三、明确来源：肯定性的

正如之前我曾提及过的观点，早期的、未出版的《穆勒评注》是马克思关于美好生活明确阐述的关键性文献来源之一。这篇短文的前面部分主要涉及资本主义制度下的异化，尤其是通过货币和信贷体系所导致的异化，但在文章的最后，马克思考察了一种相反的、非异化的生产。

“假定我们作为人进行生产。在这种情况下，我们每个人在自己的生产过程中就**双重地**肯定了自己和另外一个人：(1) 我在我的**生产**中使我的个性和我的个性的**特点**对象化，因此我既在活动时享受了个人的**生命表现**，又在对产品的直观中由于认识到我的个性是**对象性的、可以感性地直观的**因而是**毫无疑问的**权力而感受到个人的乐趣。(2) 在你享受或使用我的产品时，我**直接**享受到的是：既意识到我的劳动满足了人的需要，从而使**人的**本质对象化，又创造了与另一个人的本质的需要相符合的物品。(3) 对你来说，我是你与类之间的**中介**，你自己认识到和感觉到我是你自己本质的补充，是你自己不可分割的一部分，从而我认识到我自己被你的思想和你的爱所证实。(4) 在我个人的生命表现中，我直接创造了你的生命表现，因而在我个人的活动中，我直接**证实**和**实现**了我的真正的本质，即我的**人的本质**，我的**社会的本质**。

我们的产品都是反映我们本质的镜子。

情况就是这样：你那方面所发生的事情同样也是我这方面所发生的事情。

我的劳动是**自由的生命表现**，因此是生活的乐趣。”[①]

首先，需要注意的是，这是关于“非异化生产”的阐释，而不是“非异化生活”之类的阐释。然而，在同一时期的其他作品中，尤其在其最著名的《德意志意识形态》中，马克思强调了生产活动在一个人生活中的重要性。“个人怎样表现自己的生命，他们自己就是怎样。因此，他们是什么样的，这同他们的生产是一致的——既和他们生产**什么**一致，又和他们**怎样**生产一致。”[②] 因此，对马克思来说，尽管只限于生产活动，这正是人类活动的核心，根本不是一种限制。值得注意的是，

① 马克思．1844年经济学哲学手稿．北京：人民出版社，2000：183-184．——译者注

② 马克思恩格斯文集：第1卷．北京：人民出版社，2009：520．——译者注

正如汉娜·阿伦特所观察到的那样，马克思强调的重点是能够被他人所观察和使用到的物理对象的生产（参阅汉娜·阿伦特的《人的境况》），为了与马克思的观点保持一致，将服务纳入其中也是可能的——在大多数情况下，这是十分明确的——但他直接关注的焦点仍然是商品生产。

马克思列举了生产的四个方面：

（1）首先涉及对某人来说，生产出这个世界所预期（contemplate）的东西是至关重要的。马克思认为人类可以通过生产和体验他们所生产的一切，来表达和思考他们的个性。

（2）马克思认为产品在某种程度上是被他人使用的，从而满足人类需要。因此，我可以确证我已经满足了人类需要。

（3）在你使用我的产品的过程中，我把你和人类的其他成员联结了起来。

（4）在我们之间的联结中，我确证了我也是人类共同体的一员。

显然，在这一解释中，马克思热衷于将人的个性和人与他者的关系两个要素结合起来，这二者都是人类繁荣发展的内在因素。马克思第一次如是说，我的生产是我个性的表达，事实上，也是我的潜能与自我实现的表达。产品的生产与使用确证了你和我都是作为共同体存在（communal being）而存在的。

值得我们注意的是，虽然在许多其他著作中，马克思通过资本主义的劳动分工，强调过生产过程彻底的共同体本质，但在这里，马克思似乎假定生产是个体的甚至是孤立的。这是我的产品，由我（me）生产的产品，而非由我们（us）生产的、我们的（our）产品。我通过你对我的产品的使用来确证我们作为共同体而存在。那么，共产主义社会的生产方式将会是何种状态？难道我们将回归到类似于封建社会制度下的手工工匠的生产方式，而不是资本主义制度下的合作的生产方式吗？

在《德意志意识形态》中，有个非常著名的段落暗示了这一点："在共产主义社会里，任何人都没有特殊的活动范围，而是都可以在任何部门内发展，社会调节着整个生产，因而使我有可能随自己的兴趣今天干这事，明天干那事，上午打猎，下午捕鱼，傍晚从事畜牧，晚饭后从事批判，这样就不会使我老是一个猎人、渔夫、牧人或批判者。”①

当我写下这段话之前，我认为它包括两种不同的观点：一种是有所助益的观点；一种是非常成问题的观点。有益的观点是：在共产主义社会——并因此如果一个人正过着美好生活——除非他们想要如此，否则没有人会被限制在某个特殊的工作部门。马克思认为每个人都有多重潜能，但是在资本主义条件下，我们许多人被迫以某种单一的方式谋生。在资本主义社会，你可能是工厂的工人、农民、教师或者艺术家。几乎没有人有机会同时从事更多种的工作，也几乎不可能从一个领域转向另一个领域。因此，我们只能经验到我们能力范围内的一部分，而那些过上美好生活的人能够从一个领域转向另外一个领域。

无所助益的观点是马克思阐明美好生活的方式。随着共产主义被描绘成类似于乡村田园生活的幻想，即正如你所想象的那样，在共产主义社会里，你可以根据自己的喜好捕鱼、打猎、牧羊或者批判。无论人们对这一情形如何进行评价，看起来似乎都不像马克思所承诺的生产力水平高度发达的社会。在一些早期著作中，我曾主张我们不应当过于严肃认真地对待马克思关于未来社会的想象。这只是他早期的一部未出版的著作中的一个段落，而且，这是唯一对这一问题有过探讨的段落，据我所知，在马克思的其他著作中再也没有出现过。

从那时起，我相信存在着一些支持我观点的重要文本。原稿的这一部分来自恩格斯的手稿，而不是来自马克思，只不过后来马克思添加了“饭后从事批判”和“批判者”等语词。我们如何看待这一问题？特瑞尔·卡弗认为这是马克思和恩格斯开玩笑的方式，这一段落应该被舍弃。即便如此，这一页仍然被保留下来并最终予以出版，仿佛它就是这本书的一部分。当然，这是之后编辑的决定，而不是马克思甚至是恩格斯授权这样做的。

因此，我认为这段话不应当被用来支持这样的观点，即马克思意义上的美好社会的生产是个体的或孤独的。毋宁说，马克思和恩格斯在

---

① 马克思恩格斯文集：第1卷．北京：人民出版社，2009：537．——译者注

《德意志意识形态》和《资本论》等其他地方做过清晰的阐明，我的产品依赖于他人不可估量（immeasurable）的贡献。就像马克思和恩格斯所指出的，语言的使用正如手工产品的使用一样被传承了好几代，而且在传承过程中逐步完善和发展。任何生产力水平的生产活动都依赖于通常发生在工作场所的分工，但它也依赖于由不同的人使用传承下来的技术去执行不同任务的社会分工。尽管如此，我会讨论那些证明对马克思来说最令人满足的生产是孤立的其他证据。

到目前为止，在这个部分我一直在讨论生产，众所周知，生产是人类活动的核心。然而对马克思来说，一个人在工作关系之外也可以过上美好生活，正如他对与法国工人会面场面的生动描述一样。“当共产主义的**手工业者**联合起来的时候，他们首先把学说、宣传等等视为目的。但是同时，他们也因此而产生一种新的需要，即交往的需要，而作为手段出现的东西则成了目的。当法国社会主义工人联合起来的时候，人们就可以看出，这一实践运动取得了何等光辉的成果。吸烟、饮酒、吃饭等等在那里已经不再是联合的手段，不再是联系的手段。交往、联合以及仍然以交往为目的的叙谈，对他们来说是充分的；人与人之间的兄弟情谊在他们那里不是空话，而是真情，并且他们那由于劳动而变得坚实的形象向我们放射出人类崇高精神之光。”① 在这里，马克思所描绘的可能正是他亲身经历的事情。法国工人和活动家出于政治目的聚集在一起，考虑发动起义或运动。但是，在某一时刻，社交活动取而代之，吸烟、饮酒、吃饭和聊天一起，自身就成了目的。当然，每一个人带着某种个体性的东西进入社会化的进程。但是，这里的共同体——在他性别歧视的语言中，无疑反映了出席活动的都是男性的事实——以“兄弟情谊”的形式是他强调的重点。

在这里，我提出这样一个问题，即简要地考虑马克思关于性别的或种族的立场是有价值的。据我所知，马克思从未明确地支持妇女解放，不像约翰·斯图亚特·密尔在马克思出版《资本论》第一卷的两年后，

① 马克思恩格斯文集：第1卷．北京：人民出版社，2009：232．——译者注

在1869年出版了《妇女的屈从地位》一书。在早期的《1844年经济学哲学手稿》的“私有财产和共产主义”中出现了一种亲女性主义（pro-feminist）的论述。马克思提出，从男性和女性的关系“就可以判断人的整个文化教养程度”①。这是一种有趣的和有前景的评论，但却没有得到进一步发展。当然，马克思去世之后，恩格斯在1884年转向家庭这一主题，但在马克思的一生中，他关于妇女平等问题的讨论比预期的要少很多。或许更令人感到震惊的是马克思在1843年的评论，他说政治国家以一种“完全发展的形式”存在于美国。但在这一时期的美国，妇女没有投票权，并且有接近三百万的人口仍然生活在奴隶制之中。虽然在许多方面可以把马克思的思想与性别、种族平等观念相勾连，他的思想具有国际视野，但是他自己并没有这么做。

让我们回到上述文本，即关于工人们社会化活动的内容，他们通过一起进行政治讨论、吸烟、饮酒和吃饭寻求共同体。有意思的是，马克思将这个文本和对资本主义社会压抑人类繁荣的方式的更一般的讨论关联起来；并且在这段文字之前，马克思要求废除私有财产，确立共产主义。当然这只是他匆忙写下的注释，从未想过发表，因而所有的细节缺乏清晰的说明毫不出奇，但是我们可以据此探究马克思关于人类繁荣和废除私有财产之间的关系。自马克思去世之后，我们理所当然地认为马克思所意指的美好生活要求实现共产主义，而共产主义就是废除私有财产。因此，很容易就得出美好生活与废除私有财产之间具有内在关系的结论。

但是，这里也存在一些显而易见的问题。首先，有些摧毁私有财产的方式会导向“野蛮状态”（barbarism），而非美好的人类生活。马克思将废除私有财产称为“否定之否定”。当然，他是在黑格尔意义上，即“否定之否定”就是肯定的意义上，意指超越之前的经验，导向一种新的文明。然而，“否定之否定”还有另外一层含义，它意味着现存秩序分崩离析，取而代之的是虚无或是一些更差的或不完善的东西。前进

① 马克思恩格斯文集：第1卷．北京：人民出版社，2009：184．——译者注

的同时也可能产生退步，当然这也是马克思想要避免的。

第二个问题是马克思是否认为美好生活在私有财产存在的前提下是可能的。在资本主义制度下有人过上美好生活了吗？在《剩余价值理论》中，马克思评论诗人约翰·弥尔顿的一席话非常著名，他指出弥尔顿创作的作品就像春蚕吐丝一样，“那是**他的**天性的表现”[①]。因此，似乎某些方面的非异化的劳动，即使在资本主义条件下也是可能的。虽然正如评论者所指出的那样，这一说法使得弥尔顿的创作看上去像是自发的，更像是蜘蛛结网，而非人的活动，那种处于痛苦支配下的人的创作。然而，即使将这一问题搁置一旁，这一段落中的这个评论在总体上也是复杂的。“例如，弥尔顿创作《失乐园》，他是非生产劳动者。相反，为书商提供工厂式劳动的作者，则是生产劳动者。弥尔顿生产《失乐园》，像蚕生产丝一样，是**他**天性的表现。后来，他把这个产品卖了五镑”[②]。在我看来，这段话意图说明，即使艺术或文学生产自身在资本主义社会是可能的，不过，这种现象在某种程度上依旧是反常的，而且最终会被商业关系所俘获（即使它没有被商业关系所破坏）。由此看来，马克思的立场似乎认为资本主义具有腐蚀关于美好生活表达倾向的影响。在《穆勒评注》的段落语境中，资本主义可能有两个缺点：第一，资本主义要求只生产那些市场需求的商品（此处提及了“拙劣的文学作品”），而不允许人们通过生产来表达自己的个性。第二，工作机会也不是自由地提供给其他人，而只是提供给那些有能力付钱的人。于是，货币构成了生产者与消费者之间的关系和中介，模糊了生产者与消费者之间的关系，遮盖了我们的共同体存在本性，不允许我们欣赏它并为之自豪。货币使我们同我们的真实本性相异化。

在这一点上，设想有一群没有私有财产或货币概念的理智生物正在观察着这个世界。他们将会看到人们大规模在一起工作，通过精心设计的全球供应链，彼此交换他们的产品，并看到国家为之做出的巨大努

① 马克思恩格斯文集：第8卷．北京：人民出版社，2009：406．——译者注
② 同①526．——译者注

力——就像中国提出的“一带一路”倡议——以致世界上的人们都可以享受他们的产品。这看上去就像一个庞大的、复杂的和相互支持的系统，以一种令人难以置信的复杂分工方式，我们为了彼此而做事，这比我们不这么做都能使彼此受益。我们会为这种合作感到惊奇。然而，从合作体系内部的每个人的视角来看，这并不是世界所呈现的样子。我们工作挣钱，去商店买东西，我们只是产生某些一闪而过的念头，如：为什么有人付钱让我们去做我们正在做的事情，抑或我们买的这些商品又是来自哪里？因此，在我们的感知中，我们被那些使我们现在所经历的生活成为可能的国际合作形式屏蔽了。当然，马克思的抱负之一就是使我们意识到这种分工，并用共同体的精神取代目前驱动分工的商业动机。

最后我想讨论的问题是好社会中的工作本质，其与明确的积极方面的陈述相关。在资本主义社会中，工人抱怨的主要是在艰苦的环境中辛苦工作却只得到微薄的收入。缩短工作周运动已经在英格兰和其他地方进行几十年了。正是出于这个理由，恩格斯在他对工人的演讲中指出，在共产主义社会中可以通过多种方式来缩短工作时间。然而，也有着关于工作的不同信息出现在马克思的著作中：工作对人类而言是积极有益的，因为它允许人们表达他们的个体性和创造性。在他的描述中，工作已经变成“生活的第一需要”。“在共产主义社会高级阶段，在迫使个人奴隶般地服从分工的情形已经消失，从而脑力劳动和体力劳动的对立也随之消失之后；在劳动已经不仅仅是谋生的手段，而且本身成了生活的第一需要之后；在随着个人的全面发展，他们的生产力也增长起来，而集体财富的一切源泉都充分涌流之后，——只有在那个时候，才能完全超出资产阶级权利的狭隘眼界，社会才能在自己的旗帜上写上：各尽所能，按需分配！”[1] 这进一步确证了生产活动在马克思关于美好生活概念中的重要性。

① 马克思恩格斯文集：第3卷. 北京：人民出版社，2009：435-436. ——译者注

四、明确来源：否定性的

我在方法论部分提到，我们也可以把马克思在否定意义上的陈述看作他关于美好生活的看法的一个来源。我的意思是，他关于异化、剥削和资本主义社会的压迫性工作的论述，都可以被视为关于我们应该避免的东西的说明。与此相关的案例很多，在此我只列举其中一些。例如，马克思在其早期著作中发展了费尔巴哈关于宗教异化的学说，赞同费尔巴哈把上帝解释为异化的人类属性，又将其深入到对社会的彻底批判，特别是对异化劳动的批判。马克思指出，工人和劳动产品相异化、与劳动本身相异化、与他们的类本质相异化以及与其他人相异化。在这里，我们再次发现了个体性和集体性的重要性，这并不奇怪，因为这些著作与《穆勒评注》中的那些段落是马克思同时期完成的。虽然人类有巨大的潜力从事思想性和创造性的活动，但在资本主义制度下，这种活动变成了“抽象的活动和胃”①。我认为这个问题已经通过马克思肯定方面的陈述得到充分的阐述，在此不再赘述。

然而，马克思早期著作中的一句话引起了我的强烈共鸣，那就是他的评论：在资本主义制度下，我们变成“异己力量的玩物”②。马克思想要意指什么？或至少就某个方面而言，关于此问题的解释，在资本主义制度下，如果没有实施福利国家政策，工人的工作，可能工人及其家庭的生活会时常受到任何决策的威胁。高速发展的技术变革导致工厂关闭甚至产业凋零。家用洗衣机在美国的引进给经营洗衣生意的华裔美国人带来了严重的危机。今天，苹果手机的崛起或多或少扼杀了黑莓手机(BlackBerry phone)，并给那些为公司及其供应商工作的员工带来了失业问题。谁知道下一步将会发生什么？我们担心自动驾驶汽车等自动化技术也可能对就业产生影响。

---

① 马克思恩格斯文集：第1卷. 北京：人民出版社，2009：120. ——译者注

② 同①30. ——译者注

在早期著作中，马克思表达了对这样一个事实的关注：在资本主义制度下，我们每个人都不能掌握自己的命运。我们的命运依赖于那些做决策的人，而他们不关心决策将会对我们造成何种影响。随着工作的进展，马克思关注的焦点也更加明确地集中在阶级斗争和资本主义制度下的无产阶级被资产阶级支配的方式，但他从未忽视资本主义本身失控的观念，即资本主义将处于繁荣-萧条循环往复的周期性危机之中，对于这种危机，只能预测，不能避免。据我所知，马克思在关于共产主义论证中的主要动机，是希望能够克服以下两种支配形式：一个阶级被另一个阶级所统治，以及市场对我们所有人的统治。

然而，在我看来，马克思著作的主要缺陷在于：他从未阐明为了避免这种支配，人类应该如何控制自己的经济生活。我们在《哥达纲领批判》中找到一些粗略的评论，其中包括我已经引用的一段，而且许多马克思主义者已经对国家计划进行了描述，但马克思本人却很少谈及这一点。例如，即使在《共产党宣言》中，他也没有将生产资料国有化作为共产主义的要求之一，这似乎为私营企业留下了空间，同时增加了国家活动。对马克思来说，尽管要实现人类美好生活，对共产主义如何避免支配做出解释是必不可少的，但是马克思却没有给予任何说明。

五、间接来源

至此，我们已经考察了源自马克思的、能够证明他关于美好生活观点的直接材料，包括肯定意义上的和否定意义上的。但是在他的著作中还包含其他可能的、不同类型的来源。我已经指出，在《穆勒评注》中马克思将生产视为个体的，几乎是孤立的，在这一过程中，展现出了一个人的个性。然而，在许多其他文本中，他强调，在亚当·斯密之后资本主义社会中许多人如何为生产做出重要贡献。当然，这种分工是去技术化和异化的，为了实现美好生活可能有必要增加每个人对生产的个人贡献，但这并不意味着这是纯粹的个人生产。例如，这让我想起一群人聚集在一起表演的管弦乐队（an orchestra）。但是G. A. 科恩认为爵士乐队（a jazz band）是一个更好的类比：

> 我们可以想象一个爵士乐队，在这个乐队里，每个演奏者都在努力成为一个音乐家。虽然每个人从根本上来说都想自我实现，而且这种自我实现既不是从乐队作为一个整体来说的，也不是从每个同伴单个意义上来说的，但是他的自我实现只有在每一单个的演奏者也能自我实现的情况下才能完成，这对乐队的每一个成员来说都是如此。此外，有些天赋不好的人虽然不能从演奏中获得高度的满足感，但能从听的过程中获得高度的满足感，并且他们的在场进一步提升了乐队成员的自我实现感。①

当然，在一个爵士乐队中每个人都需要做出自己的贡献，即在同一个关系结构中即兴创作，这就使得他们在与他人的紧密联系中表现出自己鲜明的个性。

然而值得铭记的是，马克思指出历史的遗产总是伴随着我们，早在《路易·波拿巴的雾月十八日》中，马克思就写下这段著名的文字："人们自己创造自己的历史，但是他们并不是随心所欲地创造，并不是在他们自己选定的条件下创造，而是在直接碰到的、既定的、从过去承继下来的条件下创造。一切已死的先辈们的传统，像梦魇一样纠缠着活人的头脑。"② 对生产来说也是如此，包括文化生产以及其他任何东西。无论爵士音乐家的演奏如何创新，他或她都将依赖乐器制作、音乐理论、乐谱、音乐风格以及无数其他事物的历史，这使他们自己的作品完全依赖于无数人之前的成就。在思考马克思与美好生活时，不能忘记这一点。我们并非重新生产，而是建立在他人的工作之上，无论是我们处在当下，还是最近和久远的过去，都是如此。

马克思的著作中关于美好生活的观点的第二种间接证据是其文学参考文献的深度和广度的显著特征。在他早期的著作中，他在货币的异化

---

① G. A. 柯恩. 自我所有、自由和平等. 李朝晖，译. 北京：东方出版社，2008：142. ——译者注

② 马克思恩格斯文集：第2卷. 北京：人民出版社，2009：470-471. ——译者注

力量的背景下，讨论了歌德的《浮士德》和莎士比亚的《雅典的泰门》。前面我们提到过他对弥尔顿的评论。最近，研究马克思《资本论》第一卷的一篇文章认为，《资本论》的结构是基于但丁《神曲》中的“地狱”①（我觉得这是一个难以判断的主张）。马克思对文学的运用被其他人②详尽地讨论过，但从马克思的著作中可以清楚地看出，艺术尤其是文化中涉及的天才表达可能是关于美好生活的制高点。

当然，正如罗特（H. P. Lotter）在另外一种情境下所指出的那样，所有人都不可能在才能上同样出类拔萃，但是人类中的一部分人是能够让他的朋友感到“惊讶和有趣的”。许多人在不同的领域追求卓越成就，无论是在体育、艺术、音乐、计算机编程、哲学还是任何其他领域。这种类型的活动符合马克思对美好生活的描述——做一些对你自己和他人有益而擅长的事情。再次注意到马克思非常赞赏的文学艺术生产的孤独本性；比如人们为创作一部文学作品投入多年，有时甚至是几十年的精力。

六、马克思的个人生活

我思考马克思关于美好生活观点的最后一个来源，是考虑他是如何过自己的生活的。近几十年来，人们一直对这个话题产生了浓厚的兴趣，认为马克思既是一个天才，同时也是一个有缺陷的人。尽管其主要观点已广为人知，但最近的许多传记能够帮助我们更深入地了解马克思生活的细节。他在成年之后的大部分时期面临严重的经济压力，债务羞辱，不断地寻求恩格斯的财政支持，并且几个孩子因病去世而饱尝丧子之痛。他的工作习惯是混乱的，根据普鲁士秘密警察的报告：“他过着一个真正的波希米亚知识分子的生存方式。他很少换洗、梳理和更换衣服，他喜欢喝得烂醉。虽然他经常会休息几天，但是当有大量工作需要

---

① William Clare Roberts. Marx's Inferno. Princeton，NJ：Princeton University Press，2016.

② Prawer. Marx and World Literature. New York：Verso Books，2011.

完成时，他会夜以继日地不停工作。”从马克思这样的生活方式来看，我们当然不能据此就推断这是他认为应该如此这般生活的生活方式。他的健康状况非常糟糕，这分散了他写作的大部分注意力，然而，他的混乱生活和写作状态是出于环境和性格的原因，而不是他有意识做出的主动选择。

然而，我们也知道，由于母亲的遗产和忠诚追随者的捐赠，在他能够负担得起生活开销的时候，他搬到了更为舒适和健康的住所。周末，他在汉普特斯西斯公园中度过了美好的家庭野餐时光，而这段非常亲密的家庭生活显然对他本人和他的幸福生活至关重要。与所爱之人保持这种非常亲密和紧密的关系，是他对美好生活的描述中非常明确肯定的观点，我认为这是正确的。这与我们之前所说的他在法国工人社会化过程中所享受的乐趣是相辅相成的。

七、结语

总之，我们已经考察马克思关于美好生活观念的一些要素，其中一个关键的来源是《穆勒评注》，它包括与生产性工作相关的四个要素。

（1）人类可以通过生产活动并体验他们所生产出来的产品，来表达以及思考他们自己的个性。

（2）通过他人对我生产的产品的使用，我获得了他人对我满足人类需求的某种肯定。

（3）我还将和人类共同体中的其他成员联系起来。

（4）在我与他者的联系过程中，我将会证明我也是人类共同体中的一部分。

马克思所提到的富有成效的工作是孤立的或个体的，并证明这似乎是经过深思熟虑有意识的选择。对于他而言，最高的成就，比如文学作品，似乎极具创造性和吸引力，它能够展示我们自己的个性和才华。然而，与此同时，它只有基于以前的历史与前人的成就才能实现。如果从劳动过程之外来看，我们也可以发现马克思对广泛的社会关系的重视程度，无论这种社会关系是在政治组织、亲密家庭还是更广泛的社会网络中。

最后，我们已经注意到，对马克思而言，人们应当避免受到两种支配是非常重要的。一种是要避免阶级支配，对如何避免阶级压迫，共产主义是他提供的答案。另一种是作为巨大经济体系的构成部分，我们的命运通常由他人的行为所决定，无论他们是否有意如此，导致我们个体和集体遭遇普遍的失控。马克思似乎相信共产主义会克服这些问题，但他从未对如何克服这些问题做出过有效的解释。我说过，我发现缺乏理论指导会陷入困境，我并不认为其他马克思主义理论家已经充分解决了这个问题。尽管如此，马克思对个人主义和共同体相结合的美好生活的说明，可以为那些反思通过何种路径使所有人实现美好生活目标的研究者提供灵感。

Marx and The Good Life

Abstract: Through examining four types of literature resources in Marx, One of critical source is the note on James Mill, to find the textual evidence of Marx's concept of a good life, which includes four elements related to productive work: 1. Human beings can express, and also contemplate, their own individuality by producing and then experiencing what they have produced. 2. In another's use I have the affirmation that I have satisfied a human need. 3. I would also have connected another to other members of the human species. 4. In the connection between others and me, I would have confirmed that I am also a part of human community. In addition, Marx believes that productive, individual talent-displaying, isolated or individual creative work is also a good life. Finally, it is found that keeping close relationship with loved ones is also Marx's concept of a good life by investigating Marx's personal life.

Keywords: Marx; Text Evidence; Good Life; Productive Activities; Human Community

多元社会的公民教育*

安·科尔比 等 著/柏 路 蒋 菲 译**

摘　要： 本文出自美国斯坦福大学安·科尔比教授等人出版的《教育公民：培养美国本科生的道德与公民责任》第一章，重点探讨了本科阶段道德和公民教育对培育有道德、有责任、有担当的公民以及对本科生未来参与社会事务的深远影响。本文以大量实地考察和数据统计分析为基础，论证了高校开展道德和公民教育的必要性和迫切性，以美国不同类型的12所高校为案例，深刻把握美国高校道德和公民教育现状，进而系统探究道德和公民教育的理想与目标，聚力思考高校如何在多元社会背景下树立共同价值观、培育学生良好道德品格和公民参与能力、如何实现道德和公民学习与专业知识学习的深度融合。

关键词： 公民教育　道德教育　高校　多元社会

我们的故事要从弗吉尼亚·福斯特·杜尔（Virginia Foster Durr）讲起。她是本书两位主要作者的朋友。杜尔夫人于1999年辞世，享年

---

* 本文译自 Educating Citizens: Preparing America's Undergraduates for Lives of Moral and Civic Responsibility. Jossey-Bass Press, 2003: Ch. 1。

** 安·科尔比（Anne Colby），卡耐基教育发展基金会高级研究员，哈佛大学亨利·默里（Henry Murray）研究中心原主任。柏路，东北师范大学思想政治教育研究中心副教授，博士生导师；蒋菲，东北师范大学思想政治教育研究中心教授，博士生导师。

96 岁，她是一位杰出的女性，在种族平等和公民自由领域做出了巨大贡献，究其成长的文化背景，她对人生方向的选择更是不可思议。弗吉尼亚·杜尔是出生于亚拉巴马州一个上层（且带有种族主义的）家庭的白人女性，然而却成为黑人民权运动中的重要人物。她协助华盛顿特区、亚拉巴马州伯明翰的种族融合，并且为取消人头税奋斗多年。人头税是美国南方为了阻止黑人、妇女、穷人参与选举投票而设置的，直到 1964 年投票权法案（Voting Rights Act）颁布才被废除。我们以此作为全书的开篇，不是因为弗吉尼亚女士在大学期间发生了重大的思想转变，而是由于这段开始于大学之前并在毕业后依然延续的经历一直对她发挥着极为关键的作用。20 世纪 20 年代早期，弗吉尼亚女士在韦尔斯利学院（Wellesley College）攻读学士学位，有四件事情对其产生很大影响，这四件事体现了教师和课程的重要性，学校的办学目标、文化氛围、规章制度，以及学生通过俱乐部和兴趣小组建立的联系。

首先，在研究历史学、政治学理论以及经济学时，她便开始意识到生活中还有许多她没有涉及的内容和领域，这构建了大学毕业后仍然发挥作用的知识框架，并且影响了日后理解自身经历的方式。她的一些老师特意将课程内容与当时的社会问题以及学生的生活和困惑联系起来。正如弗吉尼亚女士后来回忆的：

> 在韦尔斯利有很多优秀的老师。我曾经的经济学老师马齐教授就是其中的一位……我艰难地学习各种各样的图表和统计，但是我也深深地体会到，世界上绝大多数人都会有一段异常艰难的时光。马齐教授知道我来自伯明翰，有一次他给了我一张纸，并对我说道："史密斯夫人是一个钢铁工人的妻子，她的丈夫每天赚 3 美元。那么，为了生存下去，要养活 3 个孩子的史密斯夫人要如何安排她的预算呢？"我努力思考这一问题，需要把食物的价格、房子的租金以及就诊的费用都考虑进去。那是一次生动的经济学课。很快我便意识到，仅靠这一点钱史密斯一家是不可能生存下去的。她做不到。交卷时，我在试卷的末尾写道："我得出的结论是：史密斯夫人的丈夫赚不到足够的钱，因为凭一个亚拉巴马州伯明翰的钢铁工

> 人的工资，他们是不可能生存下去的。”在韦尔斯利的经历对我影响深远，但我学到的最重要的事情就是运用自己的头脑，并从中收获快乐。所以，我在韦尔斯利受到的教育是相当开放包容的。[①]

回到亚拉巴马州后，弗吉尼亚投身于年轻已婚妇女的慈善工作。通过这项工作以及她在其他大学学习相关课程所建构起的知识框架，弗吉尼亚看到了穷人的困境。这种困境是美国经济和政治制度极度不公正的体现，而非穷人自身的性格缺陷。后来这一认识推动她关注工会发展，并将公民权利运动和工人权利运动联系在一起。

其次，早在弗吉尼亚大学二年级的一个戏剧性事件揭示了大学为学生制定明确的道德期待并严格执行时所产生的影响。一天晚上，弗吉尼亚去餐厅吃饭，她震惊地看到一个黑人女孩被分配到和她同一张桌子吃饭。她立即告诉负责老师，说她“不可能和黑人女孩在同一张桌子上吃饭”[②]。负责老师平静地解释说，学校规定她这一个月都要在那张桌子上吃饭，如果不遵守就得退学。当弗吉尼亚解释说，如果她在那张桌子上吃饭，父亲会“勃然大怒”的。负责老师回应道：“他不是我们的问题，而是你的问题。你要么遵守规定，要么回家。”[③] 杜尔夫人后来回忆，那是她第一次面对种族价值观的挑战，这件事给她留下了深刻的印象。正如她所说：“这件事情在当时可能并不是什么重要的事，但它是问题的起源。这件事伤害了我的信仰和我一直以来坚守的信念。”这次经历并没有使她立即产生关于种族关系和公民权利的新观点，但它的确让弗吉尼亚在探索这方面的路上更进一步。学校迫使她第一次与一个受过教育的中产阶级黑人女孩接触，随后，她发现这个女孩很聪明也很有修养。她开始意识到自己对种族隔离的看法已不同于她所在的种族主义家庭坚持的那样，尽管这个家庭是她曾经非常珍视的。许多年后她仍然

---

① Durr, V. F., Barnard, H. F. Outside the Magic Circle: The Autobiography of Virginia Foster Durr. Tuscaloosa: University of Alabama Press, 1985: 62-63.

② Colby, A., Damon, W. Some Do Care: Contemporary Lives of Moral Commitment. New York: Free Press, 1992: 99.

③ 同①57.

是个种族主义者，但是这件事却烙刻在弗吉尼亚的记忆中，使她对种族观念的坚定看法产生了动摇，直至后来彻底破灭。

在大学期间，弗吉尼亚更加接受了性别平等的思想——这是这所大学为她提供的第三个重要经验。通过课程学习、对女性教师队伍的崇敬以及韦尔斯利精神和使命三者的结合，弗吉尼亚开始以一种全新的方式看待性别角色，并对20世纪初的美国（特别是南部诸州）严重束缚女性的规范和假设提出了质疑。她学会了热切地关心女性的权利，包括她们作为公民的权利："我第一次意识到，女性也可以有所作为。这是我在韦尔斯利获得的真正解放。"①

返回亚拉巴马州后，弗吉尼亚积极参加投票，却震惊地得知必须缴税才行。她对这种投票税和政治机构利用税务维护自身统治的手段感到愤怒。几年后和丈夫搬到华盛顿时，她加入了民主党全国委员会的妇女部门，经过了一番痛苦又漫长的运动，最终使得政府取消了投票税。她最初参加这场斗争完全是为了妇女的权利，她的行为直接得益于她的大学经历。虽然她非常钦佩埃莉诺·罗斯福（Eleanor Roosevelt）和委员会的其他女性，但她仍然自称是一个种族主义者。最初她不同意他们关于种族的看法。然而，由于在投票权问题上形成的联盟，弗吉尼亚很快发现自己与黑人组织和像玛丽·麦克劳德·贝休恩（Mary Mcleod Bethune）、玛丽·丘奇·特雷尔（Mary Church Terrell）这样杰出的黑人妇女是可以密切合作的，随着时间的推移，这些工作关系改变了她对种族的看法，甚至对自己过去的认识感到惭愧。

大学对弗吉尼亚的第四个关键影响源自她参加的一个名为"南方俱乐部"的课外活动。通过这个活动，她与其他从南方来到北方上大学的同学建立起联系。这段与新文化接触的经历对她而言本应成为一种侮辱，但是很偶然，这个活动却让她受益深远。在南方俱乐部，弗吉尼亚认识了一个名叫克拉克·福尔曼（Clark Foreman）的哈佛大学学生。

---

① Durr, V. F., Barnard, H. F. Outside the Magic Circle: The Autobiography of Virginia Foster Durr. Tuscaloosa: University of Alabama Press, 1985: 59.

福尔曼留学归国时目睹了私刑，促使他后来成为一名致力于种族平等的活动家，弗吉尼亚对他大加赞赏。多年后，他和弗吉尼亚都居住在华盛顿，友谊渐深。也就是在那时，弗吉尼亚开始在民主党全国委员会工作，福尔曼直接并严肃地批判了她的种族隔离观念，进一步解放了她的思想，促使她参与到种族平等的斗争中来。

弗吉尼亚在韦尔斯利学院学习时所获得的一些重要的成长体验，毫无疑问是教师、宿舍工作人员和大学里其他人的努力，唤醒了她的学术兴趣，使她勇于挑战，并且形成理解世界的新方式，这种理解是通过组织学术研究、建立学术氛围和传达学术期望产生的。弗吉尼亚也受到了其他影响，特别是那些与南方俱乐部有关的因素，但这些因素似乎是偶然的。如果克拉克·福尔曼在大学毕业后没有实现自身的转变，那么他也不可能推动弗吉尼亚的意识觉醒。

本书讨论的是，本科教育究竟能对学生成为有道德、有责任、有担当的公民产生怎样的影响。本科生活只是终身发展过程的一部分。但是，如果对这些发展结果做出一些规划，比如大学可以设置一些学生参与的基础性工作，塑造他们的知识框架以及成年后的思维习惯，改变学生对责任感这一自我意识核心内容的理解方式，引导他们用证据表明自己的道德和政治立场，以便在生活的重要转折点做出明智的判断。

用通俗的比喻来讲，最佳的本科教育就像探险家准备远征一片未知的土地。例如，与威廉·克拉克（William Clark）一起探索美洲大陆之前，梅利韦瑟·刘易斯（Meriwether Lewis）曾收集了大量工具，并学会了如何去使用这些新型工具（航行表、六分仪以及其他科学仪器、医疗设备等等）。在托马斯·杰斐逊（Thomas Jefferson）、阿尔伯特·加拉廷（Albert Gallatin）、本杰明·拉什（Benjamin Rush）等优秀教师和导师的帮助下，刘易斯掌握了远征所需要的知识（地理学、植物学、博物学、天文学、商业和美国印第安文化）和科学技术，这些都能让他通过探索来增长见识。在组建一个团队之前，他很想知道自己需要什么样的同行者，以及如何维持整个团队的团结。刘易斯还收集了当时最好的地图，尽管这些地图并不完整，地图的内容也超出了他已有的经验和知识，但都没有阻碍他的计划①。做的这些准备或多或少让刘易斯调整了自己为应对未知的障碍和意外所制定的行程和路线。当准备就绪，踏上旅程时，经过细致准备后的方向与未经准备的方向相比只有细微的不同。但是，这种起初产生的细微差异经过几个月的行程会使得轨迹差异越来越大，越来越明显，毫无疑问，精心准备后改动的路线与没有精心准备规划的路线有很大不同。此外，远征的可行性和科学研究所产生的生产力在很大程度上取决于他在准备阶段学到的东西。

同样，学生会离开大学，他们的生活轨迹也只会产生微小的变化。但是随着时间的推移，他们的处世行为和应对生活的方式都会产生非常大的变化。很久以后，当下的他们与未曾受到大学影响的他们之间就会横亘着巨大的鸿沟，这是很明显的。本科经验很有可能成为数百万美国人“踏上征程前所做的准备”。我们相信，如果他们的努力是有着自我意识的积极行为，而非仅仅依靠类似克拉克·福尔曼对弗吉尼亚·杜尔的那种偶然影响，那么学校在这一准备过程中将发挥出最有效的作用。

大学是大多数美国人正规教育的最后阶段。对那些有意继续深造的人来说，大学也是专业领域之外最后一个正规教育的阶段。虽然非正规教育可以终身延续，如在工作中，通过与媒体、艺术和书籍的接触，都能继续接受教育，但大学中收获的经验，在很大程度上决定了想要深造的人应如何继续学习，也决定了他们将会怀揣着什么样的知识和个人能力投入到继续学习的过程中。

一、本科生道德和公民教育的必要性

虽然美国高等教育的巨大活力已经得到了公众的认可，但是欧内斯特·博耶（Ernest Boyer）在大学体验报告②中也指出了一些削弱本科

---

① Ambrose, S. Undaunted Courage: Meriwether Lewis, Thomas Jefferson, and the Opening of the American West. New York: Simon & Schuster, 1996.

② Boyer, E. L. College: The Undergraduate Experience in America. New York: HarperCollins, 1987.

教育的质量、妨碍学校为学生服务的事情，在他的调查中突出的问题是高等教育的目标和宗旨究竟是什么。博耶呼吁人们更多地关注大学的道德和公民教育目标，这一倡议已经在过去被广泛地引用。在一篇题为“从能力到承诺”的章节中，他指出：

> 在我们的研究中令人印象深刻的是，如今大学教育最成功的是培养学生的能力——时间安排、信息收集、取得优异成绩以及掌握特定领域细节的能力……但是，无论哪种技能，都要面对一些基本问题：教育的目标是什么？培养能力是为了实现什么？在价值观念的形成以及个人专长的探索时期，如果把感受最深的大事、萦绕心头最久的问题、最具创造性的时刻挤到了学生生涯的次要地位，那是何等的可悲。如果学生在大学本科期间仍然被困在学术环境的条条框框里，那将是一个巨大的错误。（第 283 页）

通过对教师和学生的大规模调查以及对 29 所大学的大量实地考察，博耶和他的同事们得出结论：总的来说，大学本科教育不能应对从能力到责任的跨越这一挑战。博耶研究团队的观点似乎与弗吉尼亚在 19 世纪 20 年代时在小型女子文科学院中的经历有所不同。报告指出了许多问题：特权和利益冲突、对任务和目标的迷茫、学科分散、狭隘的职业主义、学习和生活之间的巨大隔阂，以及学院和外部世界之间令人困扰的鸿沟。这些趋势和其他一些因素阻碍了教师和行政领导的努力。他们看到了高等教育在公民使命培养方面的重要性，并且希望本科教育阶段能够成为道德和公民发展的关键时期。

现在正是重新探讨高等教育公共目的这一问题的好时机。现在的需求可能比博耶报告写成时还要迫切。全球相互依存的态势更加显著与持久，传统的社会问题仍然存在，新的问题不断出现。国家层面的种族和民族差异既造成了紧张与困境，也丰富了本就多样的文化。当代社会、经济和政治世界的复杂性正在以惊人的速度增加。今天的大学生将会成为世界的积极力量，他们不仅需要拥有知识和智力，还要将自己视为集体的一员，有责任为集体做出贡献。他们必须愿意并且能够为集体的共同利益采取有效的行动。如果大学教育想要培养积极参与和具备公民责任的学习型毕业生，其教育目标一定不能仅仅局限于开发智力和培养技术技能，以及掌握学术领域的知识。学生还应具备行动的能力和明智的判断力。一种完备的能力（包括职业能力在内），要求学生能够做出深思熟虑的判断，明确目的和手段，了解个人行动和选择所产生的广泛影响和后果。学生不仅要掌握知识，还能学以致用，这样的教育才完整。

有证据表明，这种公民责任的培养在最近几十年日渐衰落。一些社会评论家记录了当代美国文化中的极端个人主义及其对社会的负面影响①。这种文化氛围使得越来越多的美国人缺乏责任感，缺乏公民意识以及文明、相互尊重和宽容等品质，并且将个人利益和个人喜好置于共同利益之上。个人进步和个人目的的实现往往优先于社会、道德或精神的意义。虽然强调个人成功有一定的社会效益，但是仅关注自我需求却不强调利他精神的世界观，可能会造成更大的社会代价。目前，这种关注自我利益的最明显的替代方法是一种正统的零容忍的道德主义。具有讽刺意味的是，两种对立的观点产生了同样的结果：一个两极分化的、支离破碎的社会，其成员几乎没有共同参与社会事务的意识。

许多评论家还记载了美国民主进程中信任和尊重的普遍缺失现象，以及公民和政治参与度的总体下降趋势②。人口数据表明，青年人，包括大学生，政治不满情绪尤其明显。近几十年来，美国青年人的投票率低于老年人，显示出较低的社会信任和较少的政治常识③。事实上，在

---

① Bellah, R., Madsen, R., Sullivan, W., Swidler, A., Tipton, S. The Good Society. New York: Vintage Books, 1991; Putnam, R.D. Bowling Alone: American's Declining Social Capital. Journal of Democracy, 1995, 6 (1): 65-78.

② Putnam, R.D. Bowling alone: The Collapse and Revival of American Community. New York: Simon & Schuster, 2000.

③ Bennett, S.E. &Rademacher, E.W. The "Age of Indifference" Revisited: Patterns of Political Interest, Media Exposure, and Knowledge among Generation X//S.C. Craig&S.E. Bennett (Eds.). After the Boom: The Politics of Generation X. Lanham, MD: Rowman&Littlefield, 1997: 21-43; Putnam, R.D. Bowling alone: American's Declining Social Capital. Journal of Democracy, 1995, 6 (1): 65-78.

2000 年总统选举中，尽管总体投票率略高于 1996 年，但年轻人的投票率还是创下了历史新低。这种持续的政治冷漠会对美国民主的未来产生不良影响，除非这些年轻人能看到公民参与和政治参与的价值和必要性。

青年人在社区服务和其他志愿服务中的参与度较高，使其政治参与明显下降的情况有所缓解。例如，班尼特研究所（Panetta Institute）①就指出，73%的大学生在过去的两年里做过志愿工作，而且大多数（62%）还做过不止一次。这些学生明白社会面临着真正的需求，而这些需求正是他们可以满足的。尽管直接做过志愿服务的毕业生人数在增加，然而这并不能拓宽或加深他们之间的公民或政治参与形式②。在绝大多数情况下，如果学生既想要帮助社区厨房向人们提供食物，又想要减少甚至消除人们对社区厨房的需要，那么他们必须改变公共政策，以某种方式积极参与到社会和政治中，影响公共政策的制定。而这一切他们并不理解。

高等教育有潜力成为振兴美国民主精神的强大力量。事实上，所有的公民领袖、政治领袖和行业领导者都毕业于高校，因此，接受过高等教育的人口数量也达到新的高度。现如今，接受高等教育的学生已经超过 1 500 万。40%的学生就读于社区大学，与早年不同，如今大多数大学生是走读生，他们中的很多人都有工作和家庭。这样人与人之间的广泛接触使得大学在更广义的范围内对重塑文化起到了重要的作用。尽管高等教育在许多方面体现着社会的价值，但是大学不仅仅是社会的延

---

① Panetta Institute. Institute Poll Shows College Students Turned off by Politics, Turned on by Other Public Service (Mellman Group). Retrieved February 15, 2001, from http://www.panettainstitute.org/news1.html, 2000.

② Gray, M. J., Ondaatje, E. H., Geschwind, S., Fricker, R., Goldman, C., Kaganoff, T., Robyn, A., Sundt, M., Vogelsang, L., Klein, S. Combining Service and Learning in Higher Education: Evaluation of the Learn and Serve America Higher Education Program. Santa Monica, CA: R and Education, 1999; Mason, J. L., & Nelson, M. Selling Students on the Elections of 2000. Chronicle of Higher Education, 2000: B16; Sax, L. J., Astin, A. W., Korn, W. S., Mahoney, K. M. The American Freshman: National Norms for Fall 1999. Los Angeles: University of California, Los Angeles, Graduate School of Education and Information Studies, Higher Education Research Institute, 1999.

伸，也并非在社会约束面前无能为力。相反，大学有潜力有计划地促进学生在道德和公民责任方面的学习，正如我们在这本书的写作过程中普遍观察到的那样。

二、本科生道德和公民教育的现状

在如今的大学里，我们不仅遇到了许多博耶多年前就提到过的问题，还看到了一些博耶没有提过的问题：许多学校高度重视对学生的道德和公民教育，它们制定了一系列课内和课外的项目来鼓励和支持道德和公民教育的发展。而现在是重新审视高等教育在公民教育中所饰角色的好时机，不仅因为这一问题是极其重要的，还因为教育者和政策制定者可以通过近距离接触那些致力于高等教育的学校来获得一些重要经验。

在写这本书时，我们回顾了全美许多高校道德和公民教育的做法，并深入访问了 12 所高校：阿尔维诺学院（Alverno College）、圣凯瑟琳学院（the College of St. Catherine）、加利福尼亚州立大学蒙特雷分校（California State University Monterey Bay）、杜克大学（Duke University）、卡比奥拉尼社区学院（Kapi'olani Community College）、弥赛亚学院（Messiah College）、波特兰州立大学（Portland State University）、斯佩尔曼学院（Spelman College）、乌龟山社区学院（Turtle Mountain Community College）、托斯卡特学院（Tusculum College）、美国空军学院（the United States Air Force Acdemy）和圣母大学（the University of Notre Dame）。这些调查表明，不同种类的大学都非常认真地对待学生的道德和公民教育。这些学校包括各类高等教育机构——社区大学、四年制大学、综合型大学，以及拥有研究生和专业课程的大学。有的是寄宿制，有的是非寄宿制；有公立学校，也有私立学校；规模有大有小；一些是宗教附属的，一些是军事院校，一些是男女分校，也有些主要是为少数族裔开设的。这些学校都是一些典型代表，尽管每所学校的具体目标不同，对道德和公民教育这一宽泛的概念也有着不同的关注点，但是它们都将学生的道德和公民发展作为学校的核心使命。

对于美国一些学院或大学来说，这一使命体现了它们对道德教育、公民教育和学术教育有计划性的、整体的举措，这一举措也形成了大部分学生的大学生活体验。我们之所以称这一举措是有计划性的，是因为这些学校明确地表达了自己的目标，并积极规划实现这些目标的策略。我们之所以称它是整体的，是因为我们认为该方法可以解决学生道德和公民发展许多不同方面的问题，它通过校园里学术和非学术生活中的许多不同领域发挥作用，并通过努力将这些领域连接起来。这些有计划性的、整体的努力意义重大，因为它们证明了高校认真致力于道德和公民教育的力量。仔细研究这些学校后我们发现，如果一个学校及其领导能够在道德和公民学习上采取全面综合的方式，并且强有力地执行，那么结果无论是对于学生还是对于学校本身来说都具有变革意义。我们强调学校应形成有计划性的且整体的举措，不是因为这种举措是大学唯一或最流行的选择，而是我们认为，支持学生的道德和公民发展，最好是通过众多课程和课外项目的累积、互动效应，在一个长期制度化的环境中实现这一系列总体目标。这些学校的理念和优秀做法是可供其他学校借鉴的，即使最初它们只采用了一两个课程或项目。

在接下来的几章中，不像其他浅尝辄止的类似研究，我们详细介绍了访问过的 12 所学校，作为研究案例，我们对这 12 所学校中的每所学校都花了几天时间，采访了管理人员、教师和学生，组织焦点小组，旁听课程，观察各种教学方案。访问后，我们为每所学校编写了一份详细的案例报告，由该校的人员进行准确性审查。之后，校方代表在本书的草稿中审阅关于相关项目的描述，并在需要时提出建议进行更正（当然，项目方案会随着时间的推移而变化，所以这些评论不能保证我们的报告在当前是最新的）。这 12 所学校并非完美无缺。我们不仅要发现它们的成功，还要指出它们在哪些方面仍然需要继续探索正确的方法。这些学校也不一定是国内道德和公民教育的最佳范例，我们没有对所有可能的候选学校进行详尽的审查，当然，不仅只有这些学校在这方面做得很出色。我们选择这些学校，一方面源于它们正在做有价值的工作；另一方面也源于我们想要在学校使命和类型上实现多样化，能够涵盖广泛地域范围里的样本群体。

除了全面实行道德和公民教育的学校外，还有许多其他高校采用一些课程或者具体方案来解决学生道德和公民发展问题。这些高等院校将精力集中在能够为一些学生提供技能和经验的课程或活动上，但不能覆盖所有本科生。这些有针对性的方案可以采取设立学术中心和机构、开展新生研讨会和高阶课程的形式。这本书中我们讨论的重点是，在全面和有针对性的方法引导下，高等教育中道德和公民学习的成功实践案例，以及在这些做法中取得成功所必须克服的挑战。

三、道德和公民教育的理想与目标

在进一步研究之前，我们需要解决这个问题：道德和公民教育是什么意思？我们呼吁的究竟是什么？我们的答案使自己立即陷入更为棘手的困局中，即大学是否应该承担起特定的道德价值观或理想导向的任务，还是仅仅为了道德信仰的澄清和一致而努力。我们站在前者的立场上认为，大学应该培育实质的价值观、理想和道德标准，至少在广义上，不应该只是满足于所谓的“价值澄清”（values clarification）。我们相信，创造一个价值中立的环境是不可能的，所以最好的局面就是让大学来检验他们自己所代表的价值观，并审慎地选择他们向学生所传递的价值观。更重要的是，我们认为，有一些基本的道德原则、理想和美德可以形成指导高等教育机构工作的共同点，包括在民主体制中教育公民的工作。

首先，教育机构从来不是而且也不可能是价值中立的。几十年来，教育工作者已经认识到学校“隐性课程”的力量和它所蕴含的道德信息。隐性课程由学校和教师组织的实践活动（大部分是实效未经检验的实践活动）组成，包括分数设置和奖励设置，管理他们与学生的关系以及学生彼此之间的关系①。虽然对隐性课程的大部分研究已经在小学和中学教育阶段进行，但这个理念同样适用于高等教育。如果大学生看到老师追求自己的专业声望，而不关心他人或学校，如果他们服从于零和的竞争氛围，即一个学生的成功必然导致另一个人的失败，如果他们面临制度的伪善，那么这些做法就助长了学生的犬儒主义和自利性的道德观念。相反，如果学生看到老师用正直、认真和公平的方式赢得奖学金，关心同学，尊重同事，并为学校或者广大社会奉献，那么对学生来说就是上了一堂最好的道德课。

不同学科也承载着一定的价值观，这些价值观会影响学生看待问题的视角以及行为规范，这类推论还是未经验证的，因而也是隐性的。例如，最近在经济学和政治学研究方面的优势是建立在“理性选择”的基础之上的，“理性选择”在这些学科的教学中很少受到批判性的分析。这种人类行为模式假设个人会始终追求自身利益最大化，而现有的社会现象代表了所有追求自身利益最大化的个体的总和。其他领域的研究和理论也得出相类似的观点，例如社会生物学和心理学方面的一些方法，他们也假设人性是利己的这一僵化的观点。盲目地依赖这些人类行为模式理论可能会导致“利己行为常态化”(normalization of self-interestedness)，形成这样一种观念，即个人总是出于利己的动机，利他主义和对他人福祉的关心是不切实际的，如果在战略上没有采取行动来实现自我利益就是愚蠢的。

除了通过教学、师生关系、制度规范和惯例所传达的价值观，外界的价值观也渗入了大学校园。起重要作用的个人主义和唯利主义信息在许多校园的制度文化和同辈文化中越来越普遍。高等教育的商业化可以带来巨大的经济利益，包括公司赞助教师和学生研究、企业营销方案、

① Fenstermacher, G. D. Some Moral Considerations on Teaching as a Profession//J. Goodlad, R. Soder, &K. Sirotnik (Eds.). The Moral Dimensions of Teaching. San Francisco: Jossey-Bass, 1990: 130-154; Jackson, P. W. Life in the Classroom. New York: Holt, Rinehart, and Winston, 1968; Kohlberg, L. Indoctrination and Relativity in Value Education. Xygon, 1971 (6): 285-309.

网站上的广告，以及在体育和其他活动中授予饮料公司独家“销售权”，同时也加强了文化中普遍存在的唯利主义。由此，来自外部的很多信息尤其是广告宣传，对年轻人的价值观施加了影响。几乎没有人会否认电视、电影、音乐和其他媒体所代表的商业利益对校园的同辈文化和非正式学习环境的影响。高等教育在受到更广泛的文化趋势影响的同时，也受到这些价值观的影响。

除此之外，在许多其他方面，教育机构向学生传递价值观和道德信息都是不可避免的。鉴于这个现实，我们认为，高等院校代表着最高意义上的价值观，而不是威廉·沙利文（William Sullivan）所描述的高等教育中的普遍精神，即采取“工具性个人主义的默认立场，在这种立场中，成功的竞争者为了实现个人的特定目标而仅仅把专业和技能当作中立性的工具”①。

（一）目标和途径的选择

既然那些共同的价值观经常发生冲突，而不同的个人和亚文化也可能会产生不同层次的价值观，那么我们该如何确定构成美国高等教育中道德与公民教育基础的共同价值观呢？无疑，大学的教育和学术任务需要一套核心的价值观，如学术正直、坚守真理和学术自由。从大学的本质上来说，培养彼此尊重、开放思想、善于倾听、认真对待他人的想法、程序公正和公开讨论有争议的问题等价值观也很重要。尽管价值观对高等教育实践的指导作用并未完善，但如果这些价值观不再引领学术、教学和学习，学校将会受到严重的损害。

教育机构有教育学生成为负责任的民主公民的义务，履行这一义务的过程中还要将共同核心价值观所蕴含的原则和理想传递给学生。一些原则和理想在共同核心价值观中占有一席之地，这些原则和理想同样源自教育机构教育学生成为负责任的民主公民的义务。大多数公立、私立

---

① Sullivan，W. The University as Citizen：Institutional Identity and Social Responsibility. Washington，DC：Kettering Foundation，1999：11.

的学院和大学都在自己的使命中提到一个学校要承担起培养既具有领导能力，又能为社会做贡献的学生的责任。在下一章中我们将提到，这种高等教育概念可追溯到美国建国时期。即使不以上述价值观为核心教育目标的学校，也承担了相应的责任。而承担为公民参与民主制度做准备的义务也就意味着，这些学校的教育目标和做法应该涵盖道德和公民意识的价值观。在这些价值观中，有一些与学术界本身的价值观相同，也有一些已经超越了学术领域。这些价值观包括相互尊重和宽容、关心个人与社会的权利和福祉、承认每个人都是社会的一部分、批判性的自我反思，以及对文明理性话语和程序公正做出努力①。

教育哲学家埃蒙·卡伦（Eamonn Callan）认为，基于自由和平等公民身份的自由民主不仅需要某些社会规则和政治制度，如受法律保护的言论自由，还需要以民主理想为基础的道德和公民教育。这些理想包括“真正关切什么样的生活是真正的而非看上去的美好生活，愿意与他人分享观点，并注意到他人可能给出的许多相反观点，积极致力于维持良好的政治秩序，以及……清晰地认识到如何发展这些良好的认知、对同胞的尊重和对超越了种族和宗教界限的共同命运的意识，认为生命的意义在于与他人同呼吸共命运”②。

除了这些从高等教育的知识教育和公民教育目标中总结的普遍的核心价值观，一些私立学院，甚至一些公立大学，主张更明确的道德、文化或宗教价值观。这些学校的特定任务和特殊使命对教育计划的影响应该向相应的学生和教师们公开。最能体现这些明确的价值观教育的案例是在宗教学校进行的信仰教育。在公立教育机构中，军事学院的任务是培养军官，所以它们的价值观是参照这一目标定义的。为特殊人群设立的其他公立学院，如美国印第安学院，也经常在其课程和项目中明确承

---

① Galston, W. Liberal Purposes: Goods, Virtues, and Diversity in the Liberal State. Cambridge, England: Cambridge University Press, 1991; Gutmann, A. Democratic Education. Princeton, NJ: Princeton University Press, 1987; Macedo, S. Diversity and Distrust: Civic Education in a Multicultural Democracy. Cambridge, MA: Harvard University Press, 2000.

② Callan, E. Creating citizens: Political Education and Liberal Democracy. New York: Oxford University Press, 1997: 3.

认诸如传统部落价值观等特殊的价值观。

当一个学校内具有广泛共识的价值观受到重视时，它们就构成了强有力的高等教育道德和公民发展的指导原则。即便如此，学校还是会公开讨论发生价值冲突时应优先考虑的原则以及个人可以将原则应用于特定情况的方式。特别是在那些主张理性的公立学校中，高等教育必须面对冲突的价值观，最困难的问题应该留给公众辩论，需要个人进行判断。道德和公民教育为这些讨论和判断提供了工具，这意味着学校不需要就价值观冲突最激烈、最有争议的案例达成一致。而这种开放性使得在既定的核心价值观上达成共识成为可能。因为理性的话语和对诚实、公平与尊重的认可是所有高校应该坚持的目标，这些价值观应该有助于指导社会解决更难的问题。大学应鼓励和促进学生能力的发展，以应对价值观竞争的复杂情况，利用专业知识和道德推理来评估所涉及的问题和价值观，以便在与他人进行相互尊重的对话时能够对这些问题做出自己的判断，然后依据判断采取行动。

我们认识到，在这样一个极其多元化的社会，教育工作者在讨论社会道德和公民价值观时会面临意想不到的困难，宽容和尊重差异本身就是基本价值。在任何特定的文化传统中，许多道德、公民、政治和宗教问题都存在着严重的分歧。但即使教育工作者深刻理解这些差异，也要注意区分道德多元主义和道德相对主义。道德多元主义认为，有两个或多个不可比较的道德标准是合理的。这并不意味着任何可能的道德标准都是合理的。但是，多个有效的道德标准不能简化为单一的道德体系。相比之下，道德相对主义认为，道德立场本身是不可以区分的，道德立场无法判断优劣。

人类学研究记载着道德价值观上的文化差异，在这些研究中，最终的道德善行范围也是有界限的。完全不同的道德观点仍会包含彼此的价值观（虽然它们并不强调这些）①。最好将道德标准差异理解为，在实

① Shweder, R. A. True ethnography: The lore, the Law, and the Lure//R. Jessor, A. Colby, R. Shweder (Eds.). Ethnography and Human Development. Chicago: University of Chicago Press, 1996: 15-52.

际生活中，当自由和忠诚等人们普遍认同的价值观发生冲突时，它们所处的主次地位不同以及在实践中各自凸显的程度不同。虽然人类学家认为在跨文化中的确存在着基本的道德差异，然而他们并不认同极端的、无条件的道德相对主义。即使那些完全相反，甚至从根本上就不一致的道德观点也同样建立在人类共同的道德良善或美德的基础上。以国家为背景，即使是美国这样一个多元文化的国家，这些共性都会更加凸显。

如果高校清楚自己要遵循一些对民主至关重要的道德和公民价值观，那么它们就能够尊重人们对待特定道德问题的不同观点，避免不合理的灌输和道德相对主义。同时，注意不要摒弃为基本价值观冲突的道德困境寻求多种解决方案的开放思想。

（二）道德的彰显：良好品格和民主参与

在整个讨论中，我们都提到了道德和公民价值观、发展和教育。这样做是为了强调道德和公民是不可分割的。因为我们用“道德”来描述人们在与他人的交往中，应该如何行事的规定性判断，因此包括容忍和尊重、公正、对个人权益和团体福祉的关心在内的许多核心民主原则其实都是以道德原则为基础的。合理的政治制度要求公民具有“道德互惠的能力——它是以相互合作的公平原则为前提制定并遵守的”①。公民参与面临的问题总是包含强烈的道德主题，包括公平获取住房等资源，制定环境政策时为后代考虑的义务，以及需要考虑到多个利益方在社会决策中相互冲突的要求。不考虑道德问题和价值观，涉及这些主题的问题就不能得到充分解决。一些公民活动和政治活动的参与者不具备良好的判断力和强烈的道德指向，但这并不妨碍他们成为合格公民和政治活动的积极参与者，尽管这是不可取的。因为公民责任和道德价值观不可分割，所以我们认为，高等教育应该促进道德和公民的成熟，并且要找到它们在教育上的联系。

---

① Callan，E. Creating Citizens：Political Education and Liberal Democracy. New York：Oxford University Press，1997：21.

正如我们相信的那样，如果公民责任中已经体现和包含着道德责任，那么为什么不把这本书中“道德”这一概念舍弃呢？毕竟在某种意义上它是多余的。一位著名教育哲学家鼓励我们这样做，我们也慎重考虑了。尽管如此，我们最后还是决定保留“道德”和“公民”两个概念及其所包含的其他含义，以便在本书中强调道德与公民之间的必要联系。这也是我们对一些公民教育者的回应，他们试图将公民教育与道德教育分开，希望通过这样做可以避免争议。

道德和公民教育具有合理性的一个关键就是它并非灌输式教育，一定不会“限制对美好生活和良好社会的竞争观念的理性思考”①。我们认为，大学可以培养核心的学术和民主价值，同时避免灌输式教育。但是一些怀疑论者却提出了质疑。不论教育的目标多么值得赞扬，道德与公民教育都必然与灌输式教育挂钩，因此无法证明其正当性。

虽然我们研究的学校对道德和公民培养采取了非常不同的方法，但是它们有着共同关注的焦点，即培养学生具备开放探索和真正辩论的优长与能力，包括理性的思考、有效的沟通、对不同观点的宽容、思维清晰、批判性思维以及跨越观点阐述道德话语的能力。在这些学校中，旨在促进道德和公民责任的核心教学方法和其他项目方案被刻意设计成为非强制性的（除了要求遵守诚实标准的荣誉守则外）。还有部分原因是鼓励学生独立思考，如果他们认为一名教师或另一名学生试图强加自己的观点，我们所观察研究的学校会表示反对。即使在访问最为专业的学校时，我们也惊讶地发现教师们一直注意聆听多方面的观点，并鼓励学生质疑、思考在学校主导文化中的假设。当然会存在着对非强制性原则和对个别教师或学校的讨论的过度解读，但无论学生的道德责任和公民责任的发展是否作为明确的制度目标，这种过度解读都有可能发生。这就要求高等教育机构在对道德和公民培养的努力中做出明确反思，将教育实践公开化，并与全国范围内的其他学校共同参与和实践相关的对

---

① Gutmann, A. Democratic Education. Princeton, NJ: Princeton University Press, 1987: 44.

话。这样的做法要比仅仅运行一个“无价值”的学校更能减少反对滥用权力者的顾虑。更深层次地考虑，将公民道德问题引入公众辩论和讨论的举措应该能够以不回避意识形态的方式使用“道德”、“品格”、“爱国主义”和“社会正义”等词汇。此种做法会引发如下讨论：这些词汇的含义是什么？它们对当代的社会问题会有什么影响？

会有一些出于善意的担忧即道德和公民教育可能会随便把一些价值观强加给学生，可略带讽刺的是，实现自由教育中以价值为导向的教育目标恰恰是避免灌输的最佳办法，也会帮助学生终身避免灌输教育。帮助学生培养批判性思维能力和习惯；教会他们开阔思维，乐于追寻不同的观点；要求学生将自己的主张付诸实践，并且期望别人也有同样的认识；鼓励学生成为有学识的人；养成思考道德、公民、政治问题的习惯，这些都会有效地引导学生在独立思考个人立场和责任中形成坚定的态度。他们对这些问题的思考越多，就越不容易被灌输教育。

（三）道德和公民学习的目标

如果道德和公民教育是基于我们所讨论的基本价值观，那么这种情况对于道德和公民教育针对学生制定的目标又意味着什么呢？一般来说，我们认为，一个具有道德和公民责任的人意识到自己是社会中的一员，就会认为至少有一部分的社会问题是和自己密切相关的。这样的人看问题时会考虑到其中的道德和公民层面，做出有依据的道德和公民判断，并在适当的时候采取行动。一个道德认知充分发展的人必须具有能够熟练地、深入地、清晰地思考道德和公民问题的能力；他必须肩负道德承诺和个人责任感，其中可能包括道德情感，如同情和关心他人，道德和公民价值观、兴趣和习惯，以及相关生活领域的知识和经验。我们关心的是人的整体发展，成为一个负责任的人，并参与地方、政府、国家甚至全球的事务。这些责任包括将自己视为集体社会的一员，并接受社会对其做出的赞誉或责备等评价。而诚实、守信、公平和尊重等美德对个人品格来说是至关重要的，它可以鼓励个人公平对待和关注自身行为所产生的影响。除此之外，具有社会公德、同情心和对自己身边人福祉的关切，也是道德和公民发展的重要组成部分，超越了个人品格层面。个人品格和社会公德的交集中明确包含了一个公民发展的组成部分：了解一个社区的运作方式、面临的问题、社区的多样性与丰富性、培养投入时间和精力提高社区生活质量和共同解决社区问题的意愿。最后，在民主进程中进行建设性的政治参与，是公民责任的一个特定子集，也是近年来的重大关切点。虽然有重叠，但我们认为区分政治与非政治公民领域是重要的，因为它们可以在参与动机和参与方式上彼此独立。

政治参与与其他形式的公民参与之间并不存在着天差地别，因为它和具有非政治形式的公民参与存于一体。但是，看到二者的区别对于理解何为教育公民很重要，对于确定美国本科教育中道德和公民参与的一些优势与劣势也很重要。我们不想将政治参与简单定义为在全国选举中投票或加入政党，因为吸引当今大学生的往往是可以直接参与的政治实践活动，而非选举政治。为了在过分狭隘和过度包容的观念之间找到中间位置，我们将“政治参与”定义为旨在影响社会和政治的制度、信仰和实践，以及包括影响社区福祉事业的进程和政策在内的活动，无论这个社区是地方的、州府的、全国的还是国际的。政治参与可能包括：与他人进行非正式合作解决社区问题；在社区组织、政治利益集团或政治组织中服务；参加社会问题公共论坛，与家人朋友讨论政治问题，试图影响他人的政治观点；为候选人或政治事件筹划各种活动；写信，签署请愿书，参与其他形式的政策宣传和游说；提高公众对社会问题的认识，动员别人参与或采取行动；参加集会和抗议，参与抵制；当然也包括在地方或全国选举中投票。

即使在政治参与这个比较宽泛的定义中，也并不是所有形式的公民参与都被视为政治性的。政治参与不包括一些直接服务的志愿者工作，如辅导课后课程，也不包括保龄球会或图书俱乐部等社交活动、资源回收等个人行为、其他与政策问题（如动物治疗或环境健康）或与社会问题的根源（如教育不平等）无关的行为，以及细微的社会或体制变化。

鼓励大学生直接参与有关公共政策的政治活动尤为重要，因为对美国民主政治最迫切的担忧就是对政府的不信任，对政府事务缺乏兴趣，特别是对于青年人而言。要使大学生与政治事务和传统形式的政治参与重新建立联系，教师和相关教职人员一方面需要帮助学生发现他们的服务活动、个人行为和生活方式选择之间的联系，另一方面也要看到相关制度和政策的问题。这样做主要是为学生树立正确的政治分析和行动观念搭建桥梁，对于许多学生来说这意味着必须注重基层活动和相关活动的开展，而不是抱着怀疑态度参与主流的政治选举活动。虽然一些高等教育机构正在寻求促进政治参与以及其他类型的公民参与和领导的方式，但我们发现，即使是高度关注道德和公民学习的学校，对高等教育阶段公民责任这一方面涉及的还是极少。

我们概述的道德和公民成熟是需要一系列能力的。我们将这些能力分为三类：第一类是道德和公民理解力，其中包括阐释、判断和理解等维度。第二类是道德和公民的动机，包括价值观、兴趣、情感，例如同情心、希望、效能感、道德和公民认同。第三类的一些核心技能是履行道德和公民责任的关键，即将核心知识和美德应用到实践以及将有见地的判断转化为行动。鉴于这些必要的能力，道德和公民成熟需要的是在实践中的能力，包括道德与政治话语和其他形式的沟通、人际关系以及公民和政治参与。例如，公民成熟所需的技能是领导、建立共识并推动团队在相互尊重的条件下不断前进的能力。通过各种各样的策略，本科生的道德和公民教育可以促进所有关键领域中能力和技能的提升。

四、道德和公民学习与专业知识学习的融合

我们相信，认真对待道德和公民成果可以同时加强和丰富其他教育目标。事实上，有充分的证据表明，道德和公民学习与专业知识学习创造性地结合起来能使二者发挥最佳的作用。最符合实证研究的公民教育是服务学习（将结构化思考的学科学习和社区服务联系起来），研究结果表明，服务学习确实可以提高学业成绩。亚历山大·阿斯汀

(Alexander Astin) 及其同事在评估大量服务学习课程时发现，它对平均成绩、写作能力和批判性思维能力以及对社区服务、自我效能感和领导能力的锻炼都产生了积极的影响①。还有一项研究结果表明，通过参与高质量的服务学习项目，尤其是参与那些具有挑战性的服务工作，学生的学业表现以及对学习成果和学习动机的自我评估会得到提升，这些项目与课程内容高度契合并使学生形成对其服务体验的结构化思考②。

扩大高等教育目标的另一个重要意义在于将专业知识与学生的生活、他们所关心的事情和个人爱好联系起来，帮助学生获得更深入的理解和进行更深刻的学习。认知科学家③和研究经验学习的学者追寻杜威(Dewey)④ 和怀特海 (Whitehead)⑤ 的脚步，都认为通过无场景的课堂教学传授的许多知识可能是无用的，因为学生可能无法将学到的知识和原则应用到新的问题上。大多数现代教育理论家认为，为了达到知识运用和转化所需要的深层理解，"积极建构知识"是至关重要的⑥。为了直接应对这一挑战，旨在促进道德和公民责任的许多课程项目中都包括以问题为导向的学习、服务学习和其他教学方法，努力使学生更深入、更全面地参与到问题中，支持学生更持久地学习。这样做，学生就会在加强专业知识学习的同时提升道德和公民责任。

---

① Astin, A. W., Sax, L. J., Ikeda, E. K., Yee, J. A. Executive Summary: How Service Learning Affects Students. Los Angeles: University of California, Graduate School of Education and Information Studies, Higher Education Research Institute, 2000.

② Eyler, J., Giles, D. E. Where's the Learning in Service-learning? . San Francisco: Jossey-Bass, 1999.

③ Bransford, J. D., Stein, B. The Ideal Problem Solver: A Guide for Improving Thinking, Learning, and Creativity. New York: Freeman, 1993.

④ Dewey, J. Democracy and Education: An Introduction to the Philosophy of Education. New York: Macmillan, 1916.

⑤ Whitehead, A. N. The Aims of Education and Other Essays. New York: Macmillan, 1929.

⑥ Shulman, L. S. Professing the Liberal Arts//R. Orrill (Ed.). Education and Democracy: Re-imagining Liberal Learning in America. New York: College Entrance Examination Board, 1997: 151-173.

五、让愿景成为现实

在本章中我们已经阐述了对负责任的和积极参与的公民的期待，并将在后面的章节中介绍一些高校的本科教育是怎样将这种期待转化为现实的。我们知道，尽管这些机构及其行政人员、教职员工和工作人员做出了最大的努力，但大多数学生并不会有所转变和改善，这并非大学道德和公民学习的真正目标。更确切地说，我们的目标是让学生可以在一条为他们提供所需要的理解、动机和技能的道路上开始学习或者继续前进，使他们能够应对参与型公民身份的挑战。我们已经看到，本科教育可以作为“踏上征程前所做的充足准备”（powerful pre-expedition），为学生提供重要的工具和技能，消除困惑与不解，帮助他们养成更积极的心理习惯，以一个新的视角去看待他们面临的问题和困境，提出未经检验的假设，并能够与激励自己的人建立联系，让学生成为自己想要成为的人。本科教育所有的成果可能在许多年后才会显现，但是大学时代足够让学生的人生方向在积累经验的过程中发生巨大变化，这与他们原本的轨道是所区别的。这就是弗吉尼亚·杜尔的亲身经历。对于那些年龄较大、兼职和在职学生（目前约占所有本科生的一半）和高中毕业后直接进入大学的学生来说，潜在的影响是相似的。

为了将道德和公民学习的愿景转化为切实可行的教育项目，教育工作者必须考虑许多问题：21 世纪美国人道德和公民品格的基本要素是什么？理解、动机和技能的哪些特定方面有助于形成这些因素（意识到可能会有一系列的方法引导他们成为好公民）？高等教育如何持续有效地推动这些品质的发展？对于高校来说，使道德和公民教育成为当务之急的阻力是什么？解决这些问题的最佳策略是什么？这些都是我们在写这本书时所遇到的困惑。它们是关乎美国民主未来的核心问题，我们鼓励所有人加入这场讨论。

Educating Citizens in a Pluralistic Society

Abstract: This article is from the first chapter of *Educating Citizens*: *Preparing America's Undergraduates for Lives of Moral and Civic Responsibility*, written by Professor Anne Colby and others at Stanford University. This article focuses on the profound influence of undergraduate moral and civic education which fosters ethical, committed and engaged citizens and develops awareness and abilities to participate in a common enterprise in their futures. Based on large-scale site visits and statistical analysis of data, this article demonstrates the necessity and urgency of moral and civic education in colleges and universities. Taking different types of colleges and universities as examples, the authors deeply grasp the current situation of undergraduate moral and civic education. After that, this article systematically explores the ideals and goals of moral and civic education, and is greatly concerned about how to establish shared values and cultivate students' good moral characters and civic engagement abilities in this pluralistic society, and how to realize the deep integration of moral and civic learning with academic learning.

Keywords: Civic Education; Moral Education; Colleges and Universities; Pluralistic Society

书 评

从道德批判到伦理建构

——评《传承与坐标：马克思主义伦理思想访谈录》

田书为*

摘　要：《传承与坐标：马克思主义伦理思想访谈录》这部著作，呈现出马克思道德批判思想的内在张力和学者们对此的复杂争论。不过，编者并没有因此囿于烦琐的逻辑梳理，而是挖掘不同语境中马克思道德批判思想不同形态得以塑造的历史必然性。最终，在与西方学者的对话中，编者阐明，从伦理建构的视角出发，重塑马克思的道德思想，是发展马克思主义伦理学、完善中国特色社会主义思想道德体系的重要理论路径。

关键词：马克思　道德批判　伦理建构

随着中国步入新时代，不断提高社会生产力水平，努力实现公平正义、民主法治，促进物质文明与精神文明的协调发展，已经成为中国人民的迫切渴望与时代追求。立足于时代需要，如何在马克思主义理论指导下，进一步推动中国社会的伦理规范建设，便成为新时代中国学者不可回避的时代课题。对这个重大课题的回应，不仅能维护中国特色社会主义经济、政治、文化、社会、生态等领域的平稳有序、繁荣进步，还能丰富人们的文化生活，使人们拥有更崇高的精神境界。有感于此，李

* 田书为，清华大学高校德育研究中心博士研究生，研究方向为马克思主义发展史。

义天教授依托国家社科基金重大项目“马克思主义伦理思想史研究”，与学界同仁一道，对领域内13位顶尖专家进行了专题性访谈，编著《传承与坐标：马克思主义伦理思想访谈录》，凡25万字，共13篇，力求建构一种富有中国特色的马克思主义伦理思想的理论范式及其现实路径。

在这部著作中，编者首先呈现出，从马克思主义经典理论出发，构建马克思主义伦理思想的理论复杂性。按照传统理解，“马克思主义”与“伦理思想”（或“伦理学”）这对概念之间，似乎充满矛盾。马克思总体认为，“平等”“自由”“正义”等道德范畴，是资产阶级维护自身统治的思想工具，它们使无产者无法科学地认知自身的历史形成与阶级使命，本质上是具有欺骗性且应当被共产主义（社会主义）社会扬弃的“意识形态”。另外，马克思基本认为，道德范畴归属于上层建筑，由阶级利益决定，本身不存在独立的历史发展进程。因而，马克思在《资本论》等著作中，没有从道德范畴出发，外在地考察资本家与工人的经济关系。这在很大程度上使人们认为，马克思对道德范畴及其体系持坚定的批判态度。不过，人们同样能够很轻易地在马克思的著作、手稿和书信中发现，在面对工人的悲惨遭遇时，马克思所表现出的怜悯同情；在面对资本家剥削劳动者时，马克思所表现出的满腔愤慨。似乎马克思的思想深处潜藏着一个人本质的理想模式，它总是以强大而深刻的规范性，指引着马克思对社会历史发展的客观描述，激发着马克思对现代社会的反思与批判。对于马克思道德批判的这种复杂性，根据伍德的回忆，柯恩似乎干脆认为，“马克思所表达的观点是复杂混淆的，没有反映他真正的所思所想”①。这样的理论事实，给马克思的研究者们提出了巨大挑战，他们往往从不同的理论路径出发，各执一端，为各自所处社会需要的马克思之形象，进行争论和辩护。

当然，编者在此没有沿着马克思研究者们复杂交织的思想线索继续

① 李义天，张霄．传承与坐标：马克思主义伦理思想访谈录．北京：中央编译出版社，2020：170.

追溯，而是跳出抽象的概念演绎与逻辑推理，立足于研究者们具体的时代和学术背景，挖掘不同的社会和理论语境中马克思道德批判思想不同形态得以塑造的历史必然性。历史唯物主义认为，人们的意识会随着人们社会关系、社会存在的变化而变化。不同的马克思研究者，承载不同的文化基因、拥有不同的知识结构、关注不同的社会矛盾、追求不同的社会价值。这自然使马克思道德批判思想在他们的精神意识中打上了独具特色的时代烙印，形成了不同的理论样貌。作为当代英国学界公开的马克思主义者，塞耶斯深受黑格尔辩证法传统的熏染，曾积极参与英国历史上"反殖民运动""反核运动""反越战运动"等政治运动，这使得他希望通过复兴黑格尔历史主义的方法，阐明当代资本主义社会中社会主义因素的增加，继而指出共产主义（社会主义）社会必然到来，人类的自由平等必将实现。相比于塞耶斯的激进立场，沃林则在法兰克福学派文化批判思路的影响下，认为应当持一种"批判的马克思主义"立场，恢复马克思主义的意识形态批判功能，激发人们对现实社会结构性本质与内在矛盾的客观认知，而不再强调"阶级斗争"等马克思主义经典概念对现实的变革意义。

对于类似的思想对立，编者显得十分包容。因为《传承与坐标：马克思主义伦理思想访谈录》期待实现的，是为发展出中国特色马克思主义伦理思想做出必要贡献。那么，与其他马克思研究者一样，编者同样要在理论与实践、历史与当下的张力关系里，构建起沟通彼此、服务现实的理论桥梁。所以，探究不同研究者视野中马克思道德批判思想的形态差异及其生成路径，具有至关重要的方法论意义。正如编者指出的那样，"思想史上的命题和事件皆非无源之水、无本之木……在探访思想及其演变时重视但不拘泥于观念本身，而是注重挖掘其赖以成立的物质状况或经验事实"①。

那么，如何发展出具有中国特色的马克思主义伦理思想？编者在这

---

① 李义天，张霄．传承与坐标：马克思主义伦理思想访谈录．北京：中央编译出版社，2020：6-7.

部著作中，给出了一种颇具启发意义的思想倾向，那就是在马克思主义经典理论的基本框架内，实现从道德批判到伦理建构的跨越。要知道，《传承与坐标：马克思主义伦理思想访谈录》并不是表现个人遐思的精神独白，而是要在思想者之间的对话与博弈中，彰显中国学者的思想意图和理论选择。宋希仁教授在访谈中认为，道德观念无法孤立存在，“历史唯物主义为解释伦理的起源、发生、发展、变化过程提供了社会学和历史学依据”[①]。所以，要摒弃唯心主义思路，立足现实的社会历史语境，从“客观的伦理”视角出发，阐释“主观的道德”的基本特质与发展趋势，展现“外显的风俗”所具有的规范性功能。与之类似，李义天教授在与麦克莱伦的对话中指出，“平等的观念和原则在共产主义社会中依然发挥作用”[②]。当然，这并不是因为“平等”是某种超越历史的道德范畴，而恰恰是在资本主义、社会主义、共产主义的不同历史语境中，“平等”范畴才拥有意义，才能够也必然被赋予不同的内涵、发挥不同的作用。所以，马克思批判的，是把道德范畴绝对化、普遍化的理论尝试，并不拒斥在唯物史观的框架下，整体考量社会的经济、政治、文化等层面，对社会的精神风尚与价值认同进行伦理建构。在新时代背景下，这或许确实能够成为构建中国特色马克思主义伦理思想的重要逻辑依据和理论起点。

其实，对于中国学界而言，尽管仍旧存在争议，但“能否构建马克思主义伦理思想”这一问题，早已被“如何构建马克思主义伦理思想”这一问题所取代。因为在马克思主义的指导下，中国共产党正带领中国人民发展出中国特色的思想道德体系，如章海山教授所言，这已经“为伦理学的教学科研指明了方向，推动了伦理学的发展繁荣”[③]。应该说，《传承与坐标：马克思主义伦理思想访谈录》敏锐地意识到了这一点，并在伦理学发展传承的视域下，在更复杂的现代社会生成历史中，为中

---

① 李义天，张霄．传承与坐标：马克思主义伦理思想访谈录．北京：中央编译出版社，2020：14.

② 同①107.

③ 同①91.

国特色马克思主义伦理思想的深入研究，提供了重要的思想坐标和时代参照。从这个意义上说，《传承与坐标：马克思主义伦理思想访谈录》的确是中国马克思主义伦理学研究史上的重要力作。

From Moral Criticism to Ethical Construction —*Inheritance and Coordinates*: *an Interview on Marxist Ethical Thoughts* Review

Abstract: *Inheritance and Coordinates*: *an Interview on Marxist Ethical Thoughts* presents the internal tension of Marx's moral criticism thoughts and the complicated arguments of scholars on it. However, the editors are not limited by the tedious logic, but explores the historical necessity that Marx's moral criticism thoughts can be shaped in different contexts. Finally, in the dialogue with western scholars, the editors clarify that remodeling Marx's moral thoughts from the perspective of ethical construction is an important theoretical path to develop Marxist Ethics and improve the ideological and moral system of socialism with Chinese characteristics.

Keywords: Marx; Moral Criticism; Ethical Construction

稿　约

《马克思主义与伦理学》(*Marxism and Ethics*) 是由中国人民大学伦理学与道德建设研究中心主办、重点研究马克思主义伦理学及其基础理论的专业性学术集刊，每年 1～2 期。本刊以发表马克思主义伦理学、伦理学基础理论等方向的高质量成果为主要载体，旨在彰显马克思主义伦理学的理论与方法，凝聚马克思主义伦理学的人员和团队，推进马克思主义伦理学的思考和探讨，为马克思主义伦理学的学习、研究和实践提供理论参考和学术交流平台。

本刊坚持“史论结合”原则，既关注马克思主义伦理思想的历史发展，也关注马克思主义伦理思想的范式建构。本刊坚持“前后相继”原则，既对马克思主义经典作家的伦理思想进行研究，也对马克思主义伦理学中国化的发展创新予以探索。本刊坚持“内外融通”原则，既反映当代中国学人的理论思考，也观照当代国外学界的前沿动向。

本刊设有“专稿”“访谈”“述史”“立论”“域外”“书评”等栏目。欢迎从事马克思主义理论、马克思主义哲学、伦理学、政治学、社会学等相关研究领域的专家学者不吝赐稿。

来稿体例

根据国内外权威学术刊物的惯例，《马克思主义与伦理学》要求来稿必须符合学术规范，在理论上有所创新，或在资料的收集和分析上有所贡献；书评以评论为主，其中所涉及的著作内容简介不超过全文篇幅的四分之一，所选著作以近年出版的本领域重要著作为佳。

来稿切勿一稿数投。因经费和人力有限，恕不退稿，投稿一个月内作者会收到评审意见。

来稿须为作者本人的研究成果。作者应保证对其作品具有著作权并不侵犯其他个人或组织的著作权。译作者应保证译本未侵犯原作者或出版者的任何可能的权利，并在可能的损害产生时自行承担损害赔偿责任。

《马克思主义与伦理学》集刊所刊载文章的版权属于《马克思主义与伦理学》编辑部所有；为适应我国信息化建设的需要，实现刊物编辑和出版工作的网络化，扩大本刊与作者知识信息交流渠道，在本刊公开发表的作品，视同为作者同意通过本刊将其作品上传至网站。作者如不同意作品被收录，请在来稿时向本刊声明。但在本刊所发文章的观点均属作者个人观点，不代表本刊立场。本声明最终解释权归《马克思主义与伦理学》编辑部所有。

作者投稿时，电子稿件请发至：shawruc09@163.com

本刊来稿体例如下：

1．稿件第一页应包括如下信息：（1）文章标题；（2）作者姓名、单位、通信地址、邮编、电话与电子邮箱。

2．稿件第二页应提供以下信息：（1）文章中、英文标题；（2）不超过400字的中、英文摘要；（3）2至5个中、英文关键词。

3．稿件正文内各级标题按“一、”“（一）”“1.”“（1）”的层次设置，其中“1.”以下（不包括“1.”）层次标题不单占行，与正文连排。

4．各类表、图等，均分别用阿拉伯数字连续编号，并注明图、表名称；图编号及名称置于图下端，表编号及名称置于表上端。

5．本刊刊用的文稿，采用国际社会科学界通用的“页内注＋参考文献”方式。基本要求：说明性注释采用当页脚注形式。注释序号用①，②，③……标识，每页单独排序。文献引用采用页内注，基本格式为（作者，年份：页码），外国人名在页内注中只出现姓（容易混淆者除外），主编、编著、编译等字眼，译文作者国别等字眼都无须在页内注里出现，但这些都必须在参考文献中注明。文末列明相应参考文献，参考文献中外文分列（英、法、德等西语，可并列，日语、俄语等应分列）。中文参考文献按照作者姓氏汉语拼音音序排列，外文参考文献按照作者姓氏首字母排序。

基本格式为：

作者．书名．版次．译者，译．出版地：出版社，年份：页码．

作者．文章名．所刊载书刊名，年，卷（期）：刊载页码．

Author. book name. edn. trans. place：press name，year：pages.

Author. article name. journal name，year，vol.（no.）：pages.

图书在版编目(CIP)数据

马克思主义与伦理学. 第2辑/吴付来主编. --北京：中国人民大学出版社，2020.12
ISBN 978-7-300-29032-4

Ⅰ. ①马… Ⅱ. ①吴… Ⅲ. ①马克思主义-伦理学-研究 Ⅳ. ①A811.63

中国版本图书馆CIP数据核字（2021）第030902号

马克思主义与伦理学（第2辑）
吴付来　主编
Makesizhuyi yu Lunlixue

出版发行	中国人民大学出版社		
社　　址	北京中关村大街31号	**邮政编码**	100080
电　　话	010－62511242（总编室）		010－62511770（质管部）
	010－82501766（邮购部）		010－62514148（门市部）
	010－62515195（发行公司）		010－62515275（盗版举报）
网　　址	http://www.crup.com.cn		
经　　销	新华书店		
印　　刷	天津中印联印务有限公司		
规　　格	160 mm×230 mm　16开本	**版　　次**	2020年12月第1版
印　　张	11.25 插页2	**印　　次**	2020年12月第1次印刷
字　　数	147 000	**定　　价**	78.00元